Carl von Ossietzky

dargestellt von Gerhard Kraiker
und Elke Suhr

rororo
Rowohlt

rowohlts monographien begründet von Kurt Kusenberg
herausgegeben von Wolfgang Müller

Redaktion: Uwe Naumann
Redaktionsassistenz: Katrin Finkemeier
Umschlaggestaltung: Walter Hellmann
Vorderseite: Carl von Ossietzky vor dem Gefängnis
in Berlin-Tegel, 10. Mai 1932. Foto: Lotte Jacobi
Rückseite: «Die Weltbühne», Nr. 45 vom 8. November 1927
(beide Vorlagen: Schiller-Nationalmuseum, Marbach a. N.)
Frontispiz: Carl von Ossietzky, 1915

Originalausgabe
Veröffentlicht im Rowohlt Taschenbuch Verlag GmbH,
Reinbek bei Hamburg, Oktober 1994

Satz Times PostScript Linotype Library, PM 4.2
Gesamtherstellung Clausen & Bosse, Leck
Printed in Germany
1290-ISBN 3 499 50514 2

Inhalt

Carl von Ossietzky im KZ Esterwegen, 1934

Vorbemerkung

Im Leben und Werk Carl von Ossietzkys spiegelt sich eine Epoche deutscher Geschichte: die erste deutsche Republik, deren Scheitern und dann die Herrschaft einer vorher und nachher kaum vorstellbaren modernen Barbarei.

Bekannt ist Ossietzky vor allem als Opfer dieser Barbarei, als pazifistischer Demokrat und als Friedensnobelpreisträger. Dagegen haben seine «realpolitischen» Aktivitäten für den Erhalt der jungen Republik und seine vielfältige journalistische Arbeit vor seiner Zeit als «Weltbühne»-Herausgeber bislang nicht die gebührende Aufmerksamkeit erhalten. Der Facettenreichtum seines Gesamtwerks spiegelt neben der Politik wichtige Felder dessen, was im traditionellen deutschen Verständnis als politische Kultur bezeichnet wird. Die deutsche Geschichte hat nur wenige bedeutende Publizisten aufzuweisen, die ihr Leben so rückhaltlos in den Dienst der Tradition der Aufklärung stellten, ohne Rücksicht auf Zeitgeist und Trends. Darüber hinaus gehörte Ossietzky zu den ganz wenigen Journalisten, die im Schreiben immer wieder über das Tagesgeschehen hinaus zu den politischen Grundfragen vordrangen. Dies geschah nicht in der Form der Theoriebildung, sondern der historischen Reflexion und des politisch-moralischen Urteils.

Viele Fragen, die in der jüngsten Zeit diskutiert werden, hat er bereits gestellt, etwa die nach einer inneren Belebung der Demokratie oder nach einer ethischen Bindung der Politik. Die Aktualität Ossietzkys gilt auch für seinen Entwurf einer internationalen Politik, die Friedenssicherung über allgemein anerkannte Prinzipien und Normen erwirken will. Bei Ossietzky stand freilich noch die Anerkennung universalistischer Prinzipien und des Völkerbundes im Vordergrund; heute geht es primär darum, eine Instrumentalisierung der internationalen Institutionen für traditionelle Machtpolitik zu verhindern – etwa im Falle des Golfkriegs. Ein Thema für Ossietzky war auch die Kritik an einem wissenschaftlich-technischen Fortschritt, der losgelöst von Menschheitsinteressen eine gefährliche Eigendynamik entwickelt. Und ihn hat schon in der Frühzeit der Weimarer Republik eine Frage beschäftigt, die nach dem Ende des Kalten Krieges in den auf sich selbst zurückgeworfenen westlichen Gesellschaften erneut debattiert wird: Wie in demokratisch organisierten kapitalistischen Gesellschaften auf säkularisierter Grundlage das Spannungsverhältnis zwischen Individualismus und Gemeinwohl in Balance zu halten ist, ohne daß sich die auf Freiheits- und Gleichheitsrechten begründete bürgerliche Gesellschaft selbst atomisiert oder sich erneut zu einer durch Gewalt und Pseudoreligiosität gefestigten Gemeinschaft deformiert.

In den ersten Jahren der Republik hoffte Ossietzky noch auf die Erziehung des deutschen Untertanen zum Citoyen mit zivilem und demokratischem Selbstbewußtsein gegenüber der Uniform, gegenüber dem noch immer und allenthalben präsenten militaristisch-autoritären Denken.

Daß die Idee der zivil-demokratischen Gesellschaft nicht bloß formal, über die Verfassung zu etablieren war, sondern den Humus einer ihr gemäßen politischen Kultur und öffentlichen Moralität benötigt, wurde Ossietzky nicht müde zu betonen. Am Beginn der dreißiger Jahre richtete sich sein kritischer Blick dann mehr und mehr auf die in der Krise aufblühenden Vergemeinschaftungsideologien, die heute wieder eine wachsende Anhängerschar finden: den «neuen Nationalismus» Ernst und Friedrich Georg Jüngers, die autoritäre Staatstheorie Carl Schmitts oder den «Nationalen Sozialismus» des Tat-Kreises um Hans Zehrer. Die Funktion dieser Ideologien, soziale Verunsicherung und gesellschaftliche Sinnkrise zu kompensieren, stand Ossietzky ebenso klar vor Augen wie ihre Wirkung als Bereiter des geistigen Bodens für die nationalsozialistische Barbarei.

Im vorliegenden Band können Gedanken Ossietzkys nur skizzenhaft und in Verbindung mit seinem Lebensweg nachgezeichnet werden. Die Monographie ist aus der gemeinsamen Arbeit an den gleichzeitig erschienenen Schriften, Briefen und Lebensdokumenten entstanden, die Leben und Werk Ossietzkys weitgehend vollständig vor der interessierten Öffentlichkeit ausbreiten. Den Mitarbeitern der Forschungsstelle Carl von Ossietzky, die «Sämtliche Schriften» Ossietzkys herausgegeben hat, sind wir zu Dank verpflichtet, ganz besonders Bärbel Boldt und Christoph Schottes, die mit uns zusammen die Briefe und Lebensdokumente herausgegeben haben und deren Forschungsergebnisse wir hier wie die eigenen benutzen.

Kindheit und Jugend

Ich, Carl von Ossietzky, bin am 3. Oktober 1889 in Hamburg [9] geboren; ich bin katholisch getauft und protestantisch konfirmiert – so beginnt Ossietzky 1907 einen handgeschriebenen Lebenslauf.[1]

Sein katholischer Vater Carl Ignatius von Ossietzky [2] war Sohn eines Kreisbeamten in Groß-Strehlitz, einer preußischen Kleinstadt in der Provinz Oberschlesien. Er diente über zehn Jahre als Landsturmmann in der kaiserlichen Armee[3] und zog dann – 1879 – mit seiner Mutter und seinen zwei Geschwistern in die Hansestadt an der Elbe. Dort fand er noch im selben Jahr eine Arbeit als Büroangestellter in der Rechtsanwaltskanzlei des späteren Senators und Bürgermeisters Max Predöhl.

Die Ossietzkys etablierten sich schnell in Hamburg. Das Adreßbuch von 1886 / 87 weist Carl Ignatius bereits als Inhaber eines Milchgeschäfts und seine unverheiratete Schwester Maria Veronika als Schneiderin und Putzmacherin aus. Der Bruder Justin Leopold war Hilfsschreiber beim Hamburger Amtsgericht geworden. Die ganze Familie hatte sich in der Pastorenstraße 18 am Fuß der evangelischen (Großen) Michaeliskirche niedergelassen.

Das war im Gängeviertel nahe am Hafen, einem der ärmsten Stadtteile Hamburgs: winzige, heruntergekommene Wohnungen in schmalen, dicht aneinandergedrängten Fachwerkhäusern mit dunklen Innenhöfen, meistens ohne Kanalisation. Hier, im Schatten des «Michel», lag die spätbarocke «Kleine St. Michaeliskirche», die 1811 auf Veranlassung Napoleons der römisch-katholischen Minderheit im protestantischen Hamburg zugesprochen worden war. Um sie herum siedelte sich im Laufe des 19. Jahrhunderts eine Einwanderergemeinde an, zu der auch viele Oberschlesier wie die Ossietzkys zählten, die sich in der aufblühenden Hafenstadt eine Existenz aufbauen wollten. Man lebte in enger Nachbarschaft: Hafenarbeiter, Matrosen, kleine Geschäftsleute, Prostituierte. In diesem Viertel wütete die große Hamburger Cholera von 1892, der auch Justin Leopold von Ossietzky zum Opfer fiel.

Vier Jahre vorher hatte Carl Ignatius von Ossietzky erfolgreich seine Aufnahme in den «Hamburgischen Staatsverband» beantragt und dabei als Beruf angegeben: «Milchhändler und Speisewirth, Stenograph bei

Das Gängeviertel in Hamburg um die Jahrhundertwende

Dres Predöhl und Behn», mit einem Jahreseinkommen von 3000,– Mark.[4] Als er 1889 eine Familie gründete, war er über vierzig Jahre alt. Er heiratete die achtzehn Jahre jüngere Rosalie Marie Pratzka[5], die Tochter eines Maschinenmeisters, die ein Jahr zuvor mit ihrer Familie aus Oberschlesien nach Hamburg gezogen war und hier als Dienstmädchen arbeitete. Eine kirchliche Trauung fand nicht statt, wohl weil sie verschiedenen Konfessionen angehörten: Rosalie war evangelisch. Ein halbes Jahr später kam Carl von Ossietzky zur Welt und wurde katholisch getauft wie sein Vater.[6] Die Familie lebte weiterhin im Gängeviertel, in der Großen Michaelisstraße 10.

Als Carl Ignatius von Ossietzky 1891 an Lungenentzündung starb[7], führte seine Witwe das Geschäft weiter. Ihren zweijährigen Sohn gab sie in die Obhut seiner Tante Maria Veronika, die ihn für den Priesterberuf vorgesehen und streng katholisch erzogen haben soll.[8] 1898 heiratete die «Speisewirthin Rosalie Marie» laut Heiratsurkunde den fast gleichaltrigen Bildhauer Gustav Walther, der lutherischen Glaubens war wie sie selbst.[9] Bald darauf gab sie ihren Beruf auf und nahm ihren Sohn wieder zu sich. Er trat dann zur protestantischen Konfession über, wie er in dem Lebenslauf von 1907 erklärt: *da sowohl meine Mutter als auch mein Stief-*

Der Vater: Carl
Ignatius von Ossietzky

Die Mutter: Rosalie
Marie von Ossietzky

Carl von Ossietzky als Kind, um 1893

vater sich zu dieser bekennen.[10] Vielleicht war es die Beliebigkeit, mit der ihm Erwachsene ihr Glaubensbekenntnis aufdrängten, die ihn später zum Freidenker und Gegner jeder konfessionsgebundenen Erziehung werden ließ.

Ossietzky war ein «Schulversager», der es nie zu einem richtigen Abschluß[11] brachte; ein Träumer, der gern Schriftsteller oder Schauspieler werden wollte. Mit neun Jahren habe er zeitweilig die Schule geschwänzt, ist überliefert, bis ein Polizist ihn auflas und nach Hause brachte: «Seit Tagen hatte er beobachtet, wie der Junge in den Vormittagsstunden mit einem riesigen Buch, tief versunken, in den Anlagen herumspazierte.»[12] Er war ein eher stilles, nachdenkliches Kind, zart von Gestalt und zurückhaltend gegenüber seinen Altersgenossen und ihren handfesten Spielen.

Er habe seine Sommerferien manchmal in Posen verbracht, berichtet der polnische Journalist Hudes über Ossietzky, der ihm 1931 erzählt haben soll: *Ich bewegte mich in dem annektierten Land wie ein Übeltäter, mit dem Gefühl von Mitschuld, und ich fühlte, wie sehr mich die Leute hassen mußten. [...] Mir ist es gelungen, doch zwei Leute kennenzulernen, ein Verhältnis zu ihnen zu bekommen, und ich erinnere mich ganz genau noch heute an ihre Vornamen: Wanda und Stefan. Wir freundeten uns an. Während der Sommerferien habe ich mich mit der polnischen Geschichte befaßt, und von da an wurde ich ein entschlossener Freund Polens.*[13]

Der Junge aus dem Gängeviertel war wohl ziemlich fehl am Platz in jener renommierten privaten Rumbaumschen «Mittelschule» in der Kampstraße, in der ihn Senator Predöhl 1896 untergebracht hatte. Dort wurden Bürgersöhne auf kaufmännische Berufe vorbereitet. Sie lernten vor allem neue Fremdsprachen und die naturwissenschaftlichen Fächer, die Ossietzky gar nicht lagen. Der Schuljunge der wilhelminischen Zeit sei nicht mehr gewesen als ein geduldiges *Requisit, von oben bis unten vollgestopft mit Logarithmen*, hat er später einmal geschrieben.[14] Auch eine Polemik von 1924 gegen den Standesdünkel deutscher Akademiker spielt deutlich auf eigene Schulerfahrungen an: *Die Geschichte der Begabungen ist die Geschichte der schlechten Schüler [...]. Gleicht nicht der Weg eines begabten jungen Menschen zu Zeiten dem Ritt übern Bodensee? Er träumt vor sich hin, Melodien im Kopf, nicht Thesen und Formeln und Paragraphen [...].*[15]

Nach acht Jahren ging Ossietzky von der Schule ab. Mit Unterstützung Senator Predöhls besuchte er dann noch drei Jahre das Privatinstitut Dr. Goldmann und ließ ein intensives Einpauktraining über sich ergehen, bevor er sich in die staatliche Prüfung für das «Einjährige» wagte, die er jedoch nicht bestand.[16]

Bei den Vorermittlungen zum «Weltbühne»-Prozeß von 1931 erklärte Ossietzky, er habe das «Einjährige» erworben und 1905 eine Kaufmannslehre begonnen. «Dort hielt er es jedoch nur etwa zwei Jahre aus», weiß

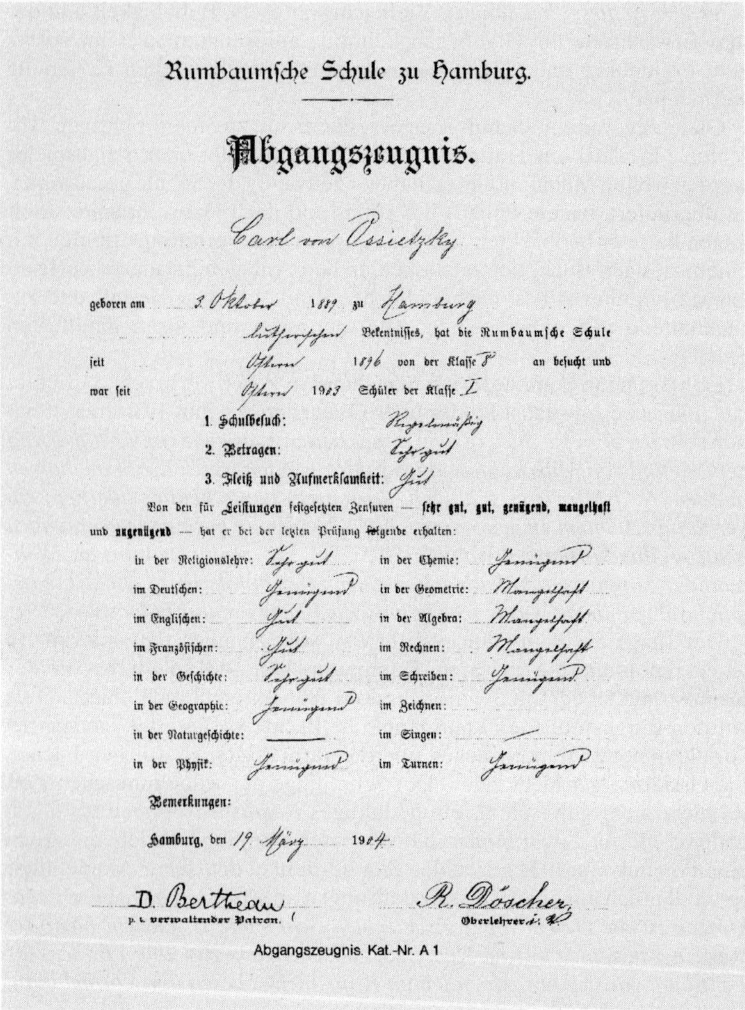

Rumbaumsche Schule zu Hamburg.

Abgangszeugnis.

Carl von Ossietzky

geboren am 3. Oktober 1889 zu Hamburg

lutherischen Bekenntnisses, hat die Rumbaumsche Schule

seit Ostern 1896 von der Klasse 8 an besucht und

war seit Ostern 1903 Schüler der Klasse I

1. Schulbesuch: Regelmäßig

2. Betragen: Sehr gut

3. Fleiß und Aufmerksamkeit: Gut

Von den für Leistungen festgesetzten Zensuren — sehr gut, gut, genügend, mangelhaft und ungenügend — hat er bei der letzten Prüfung folgende erhalten:

in der Religionslehre:	Sehr gut	in der Chemie:	Genügend
im Deutschen:	Genügend	in der Geometrie:	Mangelhaft
im Englischen:	Gut	in der Algebra:	Mangelhaft
im Französischen:	Gut	im Rechnen:	Mangelhaft
in der Geschichte:	Sehr gut	im Schreiben:	Genügend
in der Geographie:	Genügend	im Zeichnen:	
in der Naturgeschichte:	—	im Singen:	—
in der Physik:	Genügend	im Turnen:	Genügend

Bemerkungen:

Hamburg, den 19. März 1904

D. Bertheau
p. t. verwaltender Patron.

R. Döscher
Oberlehrer.

Abgangszeugnis. Kat.-Nr. A 1

Abgangszeugnis, 19. März 1904

die Anklageschrift von 1931 zu berichten, «und wandte sich dann der Journalistik zu, da er sich als Kaufmann nicht wohl fühlte und sich mehr für Literatur interessierte.»[17]

Über seinen tatsächlichen Werdegang schwieg er sich vor Gericht lieber aus. In Wirklichkeit hatte er sich 1907 – nach einem erneuten mißlungenen Anlauf zur «Einjährigen»-Prüfung – um eine Stelle beim Amtsgericht Hamburg beworben, *weil es für mich von größter Wichtigkeit ist, bald ins praktische Leben eintreten zu können*[18]. Er wurde zunächst abgelehnt, durfte dann aber dank der Fürsprache von Senator Predöhl an einer schriftlichen Eignungsprüfung teilnehmen, die er mit «genügendem, fast gutem Ergebnis» absolvierte.[19] Am 1. Oktober wurde er denn auch «nicht fest angestellter Hilfsschreiber» mit einem Jahresgehalt von 360 Mark. Nebenbei bereitete er sich ein weiteres Mal auf das «Einjährigen»-Examen vor, zu dem er jedoch gar nicht mehr zugelassen wurde.

Carl von Ossietzky, um 1904

Die eintönige Arbeit in der Schreibstube des Amtsgerichts ging ihm nicht leicht von der Hand. «Derselbe ist wenig befähigt», bescheinigte ihm ein Qualifikationsbericht von 1908. «Er ist aber genügend anstellig u. verwendbar. Die Handschrift bedarf noch der Besserung.»[20] Man ermahnte ihn, ein «Mindestpensum an Schreibarbeit» zu liefern, und drohte mit Entlassung.[21] Zwei Jahre später fiel die Beurteilung viel besser aus: «Ist für den Bureaudienst recht gut befähigt und kann mit jeder Arbeit betraut werden. [. . .] Die dienstliche Führung ist tadellos.»[22]

Ein ehemaliger Kollege Ossietzkys, Hans Eggers, der ihm drei Monate

Pult an Pult gegenübersaß, beschreibt ihn «als einen mittelgroßen, beweglichen, nervösen und etwas zerfahrenen Menschen, der [...] bisweilen heftig gestikulierend, seine Ideen in der Arbeitspause entwickelte. Er war ein freundlicher, hilfsbereiter, gern gesehener Kollege.»[23] 1910 wurde Ossietzky aus der allgemeinen Schreibstube des Amtsgerichts in die des Grundbuchamtes versetzt.

Zu Hause fühlte er sich ziemlich unwohl, wenn man den Zeilen glauben darf, die er 1918 aus dem Felde an seine Frau richtete, weil sie einen Streit mit seinen Eltern hatte: *Ich bin ja aufgewachsen in einer Atmosphäre von Zwiespalt u. Zänkerei u. Klatsch. [...] Sie haben mir meine Jugend vergiftet; [...]*[24] Die Mutter habe versucht, das Leben Ossietzkys zu beherrschen, als er längst erwachsen war, behauptet Maud von Ossietzky in ihren Erinnerungen.[25] Über den Stiefvater (der sich übrigens nach 1933 in rührender Weise um sie gekümmert hat) weiß sie nur Gutes zu berichten: Er soll Ossietzky politisch erzogen, ihm die Sache der sozialistischen Arbeiterbewegung ans Herz gelegt haben.[26] Ansonsten ist über den Alltag der Familie wenig bekannt.

Wenn man ihren Weg in Hamburger Adreßbüchern verfolgt, wird augenfällig, daß sie buchstäblich von einer Wohnung zur anderen gezogen ist und sich dabei vom Gängeviertel weg in die besseren Wohngegenden hinein bewegte: Mühlenstraße 11, Pastorenstraße 10, Sägerplatz 14, Michaelisstraße 86, Königstraße 36 werden bis 1907 verzeichnet, dann Mühlendamm 30, ab 1910 Alstertwiete 16, ab 1914 Schmilinskystraße 6. Erst 1917 hatte Ossietzky eine eigene Adresse: Koppel 106. Diese Ruhelosigkeit sollte sich in seinem späteren Leben fortsetzen: Auch in Berlin lebte er mit seiner Familie meistens zur Untermiete und möbliert.[27]

Welche Rolle auch immer die Eltern gespielt haben mögen, schon Ossietzkys berufliche Perspektivlosigkeit war Grund genug für Unzufriedenheit und Trübsinn in seiner Jugend. Alle Wege zu einer erfüllten Existenz schienen versperrt. Dabei verspürte der Achtzehnjährige den inneren Drang nach einem höheren Lebenssinn, den er wie so viele seiner geistig aufgeschlossenen Altersgenossen in der Dichtung suchte. Wichtig war in dieser Zeit ein Jugendfreund und Gesinnungsgenosse, den er im Institut Dr. Goldmann kennengelernt hatte: Ludwig Tügel, ein Schiffsbauerlehrling, später Kaufmann und Zeichenlehrer, dann freier Schriftsteller in Hamburg.[28] Er teilte mit Ossietzky Weltschmerz, innere Zerrissenheit und pubertäre Sehnsüchte. «Ossietzky ist Dichter», schrieb er 1908 in sein Tagebuch, «hat aber noch nichts geschaffen; ist auch nicht nötig! [...] Das ist ein Mensch, noch viel mißmutiger als ich.»[29]

In seinen frühen literarischen Versuchen bringt Ossietzky seinen Groll gegen die äußeren Verhältnisse zum Ausdruck: gegen soziale Ungerechtigkeit und Glaubenszwänge im wilhelminischen Deutschland – und gegen eine düstere, lustfeindliche Sexualmoral. Gleich vielen seiner Altersgenossen bedichtete er sehnsüchtig «Huren» und Schauspielerinnen:

Als Hilfsschreiber, um 1910

Verführerinnen jenseits der Grenzen, die ihm eine spießbürgerlich-religiöse Erziehung gesetzt hatte.[30] Daran und an die eigene Jugendzeit nahe dem Rotlichtmilieu am Hamburger Hafen erinnerte er sich wohl, als er 1925 über den Notstand der sexuellen Kultur in Deutschland schrieb: *Der deutsche Junge ist lüstern wie alle anderen auch; aber zu klobigsten Renommistereien erzogen, heranwachsend in dem Irrwahn, daß die an der Straßenecke für Talerwert erstandenen Gunstbezeugungen etwas mit dem Liebesleben zu tun haben [...] Erotisches lernt der junge Mann entweder in der Form der Zote kennen oder ein besonders «aufgeklärter» Erzieher erläutert ihm das Aneinandergeschmiegtsein zweier Körper lieblos sach-*

lich als «Befriedigung des Geschlechtstriebes» oder «Geschlechtsverkehr», furchtbare Worte, wie von einem Eisenbahn-Inspektor erfunden, die alle Anmut mit dürrem Besen aus der Kammer fegen. Der Jüngling lernt das Ritual der Kneipe kennen, wird von älteren Kameraden in die Taxe der Prostitution eingeweiht, aber er kennt nicht die Geliebte.[31]

Als ausgesprochen schüchtern wird Ossietzky von Agnes Mohrdieck, der Schwester eines Kollegen aus der Schreibstube, beschrieben: «Wenn er mich sah, schlug er die Augen nieder und sprach nicht mehr. [...] Mein Bruder entschuldigte sein komisches Verhalten immer wieder: ‹Ihr müßt bedenken, der Mann hat kein richtiges Elternhaus kennengelernt, alte Tanten haben ihn erzogen.›»[32] In dieser Zeit hat er wohl, bedingt durch Mißerfolge und Orientierungslosigkeit, eine schwere innere Krise durchgemacht.

«Ossietzky. Was leidet der Mensch», notierte Ludwig Tügel 1909. «Kann es für ihn überhaupt noch eine rechte Freude geben? Erkenntnis aller Dinge dieser unserer Welt ist das traurigste, was es geben kann. O. meint, seine Weltanschauung, daß es nämlich nichts Festes, Bestimmtes, Wahres gibt, daß alles fällt, stürzt und bricht, habe sich auf seinen Körper übertragen. [...] O. behauptete heute, er hätte Tragödien – Komödien – u. s. w. Pläne, Arbeit bis zu 50 Jahren auf Vorrat, wenn ihn nicht die Verhältnisse, Krankheit (Nerven), Beruf und andere Dinge abhielten. O Welt, welche Ungerechtigkeit überall!»[33]

Sein Weltschmerz war zwar typisch für die Sinn-Krise der bürgerlichen Jugend vor dem Ersten Weltkrieg, aber seine Sinn-Suche in der Literatur führt ihn nicht wie viele seiner Altersgenossen zu jener fortschrittsfeindlichen Zivilisationskritik und Überhöhung deutschen Wesens, die der geistige Nährboden des Ersten Weltkriegs waren. Er begann, die Wirklichkeit um sich herum an den aufklärerischen Ideen des bürgerlichen Humanismus und seiner großen Dichter und Denker zu messen, die er sorgfältig studierte. Mehr und mehr näherte er sich in seinen schriftstellerischen Versuchen den gesellschaftlichen Ursachen seines persönlichen Unmuts und entdeckte dabei wohl allmählich seine eigentliche Begabung: den politischen Journalismus.

Dabei mag eine Begegnung mit dem alten sozialdemokratischen Parteivorsitzenden August Bebel bedeutsam gewesen sein. Ossietzky hatte ihn auf einer Wahlrechtsversammlung Anfang des Jahrhunderts in Hamburg erlebt. 1927 beschwor er in einem Kommentar zum Kieler Parteitag der Sozialdemokraten noch einmal das verklärte Bild von der Vorkriegs-SPD und ihrem legendären Führer herauf. Der große Redner hatte ihn ganz in seinen Bann gezogen, war ihm als *Erwählter* des Volkes erschienen, als Präsident einer unsichtbaren deutschen Republik, der es verstand, auf dem Volk zu spielen, *wie auf einem edlen Instrument: er bringt es zum Klingen, er entlockt ihm Liebe und Haß, bittre Seufzer und sternklare Sehnsucht*[34].

Der Ruf nach einem Führer (ein damals noch unbelasteter Ausdruck), der die Menschen auf den republikanischen Weg bringt, zieht sich durch Ossietzkys Schriften. In diesem Punkt teilte er die Skepsis des ausgehenden 19. Jahrhunderts gegenüber der Geschichtsphilosophie der Aufklärung, daß sich die menschliche Gesellschaft in historischer Gesetzmäßigkeit zur Freiheit entwickelt. Der gesetzmäßige «Fortschritt» beschränkte sich längst auf das Technisch-Ökonomische. Die dominierende Strömung in der deutschen Philosophie, die sich an Friedrich Nietzsche orientierte, setzte dagegen die Hoffnung auf die Genialen und Willensstarken, die den Lauf der Geschichte bestimmen und die Führung der Massen übernehmen sollten. Züge dieses individualistisch-vitalistischen Geschichtsverständnisses finden sich auch bei Ossietzky, nämlich die Klage über einen fehlenden führenden Willen[35] in der deutschen Politik, die sich stets an dem Mangel an Führern in den republikanischen Parteien und vor allem in der SPD festmachte. Persönliche Eignung beurteilt er nach recht eigenwilligen Maßstäben. Hilferding etwa gilt ihm als zu schwach, weil er unfähig sei, hin und wieder *verteufelt unlogisch* zu handeln und seinen *ganzen Wissenskram* zu vergessen, um sich vom Instinkt leiten zu lassen.[36]

Solche Gedanken rühren an eine zentrale Erfahrung aus der Anfangszeit der Republik: Die Massen ließen sich von irrationalen, gefühlsgeladenen Parolen radikaler Führer viel leichter bewegen als von vernunftgeleiteten, aufklärerischen Appellen der Republikaner und gemäßigten Sozialisten. Ossietzkys Neigung zum Individualisieren von Geschichtsabläufen verband sich jedoch stets mit dem Anspruch, daß der Wille der Führer mit dem des Volkes zu vereinen sei und daß Autonomie und Solidarität einander bedingen.

Im Februar 1911, Ossietzky war gerade volljährig, wurde zum erstenmal ein Text von ihm gedruckt: ein Leserbrief. Darin ergriff er enthusiastisch Partei für einen «Dichterkollegen», Herbert Eulenberg, dessen Komödie «Alles um Liebe» vom verwöhnten Hamburger Theaterpublikum gnadenlos ausgepfiffen worden war. Für den jungen Ossietzky war das spießbürgerliche Ignoranz und Grobheit gegenüber den *zarten Gebilden einer Dichterphantasie*, die den *brutalen Stoffhunger* nicht befriedigen konnten. Das *Eingesandt*, wie Ossietzky seinen Beitrag in einem überaus höflichen Begleitschreiben altmodisch nannte, sollte den *Herrn Feuilleton-Redakteur* anregen, der im übrigen bestimmt *ein ganz anderes ästhetisches Rüstzeug* mitbringe *als meine Wenigkeit, die hier nur einen Temperamentsausbruch liefert.*[37] Es war die erste Annährung an ein Blatt, in dem Ossietzky gern schreiben wollte: «Das Freie Volk», Parteiorgan der von Hellmut von Gerlach, Rudolf Breitscheid und Theodor Barth gegründeten «Demokratischen Vereinigung».

Das war eine der wenigen, nur schwachen, aber deshalb um so mutigeren Gruppierungen in Deutschland, die das Arrangement zwischen Bürgertum und Krone aufkündigten. Ihr Programm von 1910 forderte eine «konsequente Demokratisierung» des gesamten öffentlichen Lebens, gleiches und geheimes Wahlrecht, Rechtsgleichheit vor dem Gesetz, Koalitionsfreiheit, eine Bodenreform sowie eine gerechte Gewinnbeteiligung der arbeitenden Menschen und die Wahrung des «Rechts auf Persönlichkeit im Wirtschaftsbetrieb».[38] Bei den Januarwahlen von 1912 zählte die kleine Außenseiterpartei – die ständig von der Polizei überwacht wurde – nicht einmal hundert Mitglieder. Es gelang ihr nicht, ein Reichstagsmandat zu gewinnen. Rudolf Breitscheid, der Herausgeber des «Freien Volkes», verließ sie deshalb und ging zur SPD.

In dieser Zeit lernt Ossietzky seine spätere Frau kennen: Maud Hester Woods, die Tochter eines britischen Kolonialoffiziers. Die ersten Jahre ihrer Kindheit hatte sie in Indien verlebt. Nach dem frühen Tod ihrer Eltern war sie bei einer Tante in London aufgewachsen.[39]

Glaubt man ihren Erzählungen, war sie die erste Frau in seinem Leben. Und er wagte nur, sie anzusprechen, weil er ihr die Nachricht eines Bekannten zu übermitteln hatte. Daraus entwickelte sich ein Gespräch, in dem er seine Schüchternheit mehr und mehr überwand. Mit seinem Wissen und seinem Engagement zog er die junge Frau in seinen Bann. Die beiden trafen sich wieder und wieder, er aber blieb zurückhaltend. An seinem 23. Geburtstag gestand er ihr, daß er nicht um ihre Hand anhalten wolle, weil er sie mit seinem schmalen Gehalt nicht ernähren könne.

Sie war es, die ihn von der Möglichkeit einer gemeinsamen Zukunft überzeugte. Mit Bridge- und Englischunterricht wollte sie zum gemeinsamen Lebensunterhalt beitragen – ein Vorschlag, der nach Mauds Darstellung absolut nicht in sein Frauenbild paßte, den er aber nur zu gern annahm.[40] Am 9. August 1913 wurde Hochzeit in England gefeiert. Das Klatschblatt «The Ladies Field» brachte eine Meldung über das gesellschaftliche Ereignis. Sie offenbart, daß Maud einer Familie mit einem gewissen gesellschaftlichen Rang angehörte: «Die Braut trug ein elfenbeinfarbenes Seidenkleid, verziert mit alter Spitze aus Familienbesitz. Als einzigen Schmuck zierte sie eine mit Perlen eingefaßte Miniatur, die von einem ihrer Vorfahren mütterlicherseits stammt, von General Palmer. [...] Das Festmahl fand in Fairhaven, Thundersley, statt. Danach reisten Herr und Frau von Ossietzky nach London mit dem Ziel Kontinent ab.»[41]

Dort wartete ein ärmliches Leben auf das Paar, das nun zusammen in Mauds kleinem Zimmer hausen mußte. Maud hat später berichtet, Ossietzky sei von seiner Mutter vor die Tür gesetzt worden, weil er ohne ihr Wissen geheiratet hatte. Erst ein halbes Jahr später war sie zur Versöhnung bereit. Bald darauf zog Ossietzky mit seiner Frau und seinen Eltern zusammen in eine große Wohnung in der Schmilinskystraße 6.[42] Maud begann wieder Sprach- und Bridgeunterricht zu geben, wie sie es schon

Maud Hester Woods
als Achtzehnjährige

vor ihrer Heirat getan hatte. Ihr Mann engagierte sich in der Hamburger Ortsgruppe der Demokratischen Vereinigung, deren Schriftführer er im März 1913 geworden war; und er veröffentlichte mehr oder weniger regelmäßig größere Beiträge im «Freien Volk». Anfang 1914 entschied er sich endlich, dem Schreibpult im Grundbuchamt den Rücken zu kehren, um sich *ganz der Journalistik zu widmen.* Und es gelang ihm tatsächlich, sich eine *bescheidene Existenz zu sichern.*[43]

In dieser Zeit hielt er einen großen öffentlichen Vortrag auf einer Veranstaltung seiner Partei, der vom zentralen Thema seines Lebens handelte: *Militärdiktatur und Bürgerrecht.* Er wandte sich gegen die wachsende

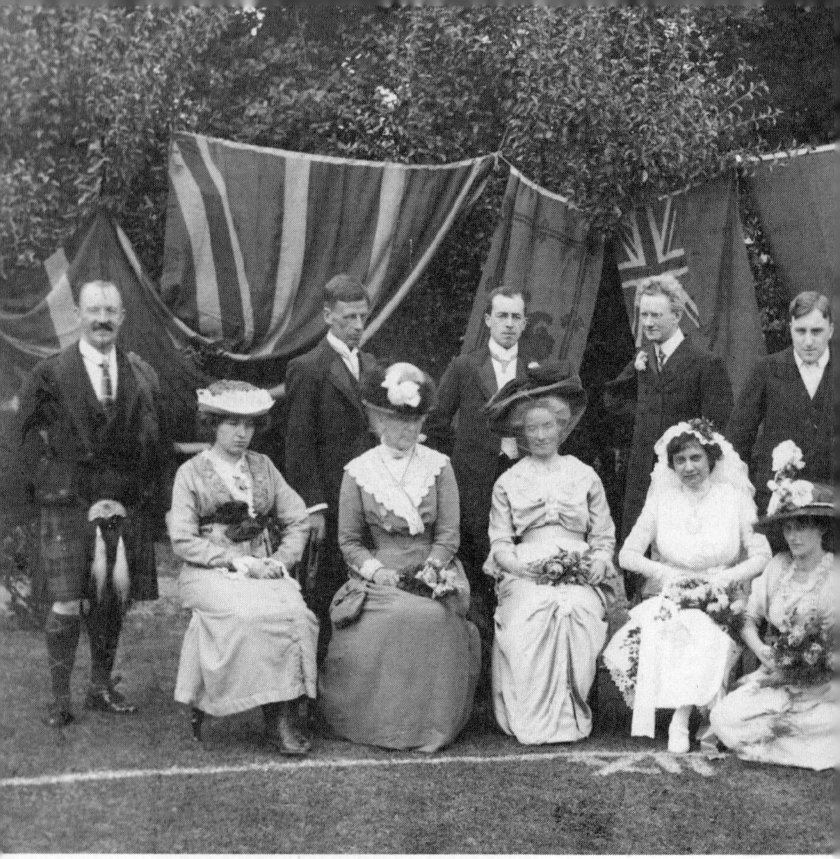

Hochzeit in Fairhaven, 19. August 1913

Macht der Militärs im Staat und gegen die untertänige Haltung des Bürgertums, das nichts dagegen unternahm. Erstmals forderte Ossietzky, was dann auch die Weimarer Republik noch nicht zustande bringen sollte: Die Vereidigung der Armee auf die Verfassung. Unbeeindruckt vom militärfreundlichen Zeitgeist erwog er die Möglichkeit eines Massenstreiks gegen die Militärmacht, ganz im Sinne der kleinen radikalen Minderheit in der SPD um Rosa Luxemburg. Die eigentliche Aufgabe der Demokratischen Vereinigung war für Ossietzky jedoch die politische Erziehung im Sinne der Aufklärung: *den demokratischen Gedanken rein von bürgerlich plutokratischem und einseitig klassenkämpferischem Beiwerk* zu erhalten.[44]

Dabei wußte er, daß das Zeitalter der genuin bürgerlichen Demokratie in Deutschland vergangen war, bevor es richtig begonnen hatte. Im

Schnellzugtempo rasten kapitalistische Industrialisierung und Kapitalkonzentration über Persönlichkeitsrechte und Freiheitsideale hinweg. Der autonome Mensch und freie Bürger als Idealtypus der Aufklärung war zum Mythos geworden, bevor er auch nur für die bürgerliche Klasse Realität werden konnte. Gemessen an der Wirklichkeit des Lohnabhängigen, der in elenden Mietskasernen hauste, anonym in Riesenfabriken arbeitete, gehetzt von der technisch-ökonomischen Revolution und ständig wachsenden Anforderungen an seine Arbeitskraft, bedroht von Arbeitslosigkeit, war dieser Idealtypus eine reine Illusion.[45]

Ossietzkys Reflexionen über Demokratie und Verfassungswirklichkeit vermischen sich deshalb stets mit der Frage nach ihrem sozialen Boden, wenngleich seine Idee von einer sozialen Demokratie in dieser Zeit noch recht verschwommen bleibt. Ihm, wie den meisten linken Liberalen seiner Zeit, fehlte die Kenntnis von den Strukturzusammenhängen der sozialen Wirklichkeit, fehlten realisierbare politische Entwürfe.

Der Glaube, daß sich Demokratie nur in einem säkularisierten Gemeinwesen entwickeln kann, brachte Ossietzky in die Nähe des 1906 von Ernst Haeckel gegründeten freidenkerischen «Deutschen Monistenbundes». Der versprach seinen Anhängern nicht weniger als die Erklärung der ganzen Welt. Mit noch ungebrochener Wissenschafts- und Fortschrittsgläubigkeit propagierte er eine «einheitliche (monistische) wissenschaftlich begründete Welt- und Lebensanschauung»[46]. Er wollte die soziale und kulturelle Vervollkommnung der Menschen und ihrer Verhältnisse mit Hilfe der «wissenschaftlichen Denkweise» erreichen. Eine dem Fortschritt verpflichtete Kulturwissenschaft sollte analog zu den Naturwissenschaften entstehen. Hamburg war eine Hochburg des deut-

Carl von Ossietzky um 1913, mit der von ihm selbst geschriebenen Widmung: «Diesen liebenswürd'gen Jüngling kann man nicht genug verehren... Heine»

schen Monismus. Dort hatte 1911 ein großer internationaler Monistenkongreß stattgefunden, der die Mitgliederzahl der Ortsgruppe unter ihrem Vorsitzenden Carl Rieß auf 842 emporschnellen ließ.[47]

Daß die Befreiung des Erziehungssystems vom Einfluß der Kirchen zu den wichtigsten Zielen der monistischen Bewegung gehörte, mag Ossietzky angesprochen haben. Die Monisten propagierten – wie übrigens auch die Demokratische Vereinigung – die konfessionslose, freie Schule und generell eine strikte Trennung von Kirche und Staat.[48]

Ossietzkys Artikel im «Freien Volk» in den Jahren 1913/14 weisen deutlich seine geistige Nähe zu den Monisten aus, wenngleich nicht bekannt ist, wann er tatsächlich Mitglied des Bundes wurde. Die *Verquickung staatlicher und kirchlicher Angelegenheiten ist ein Krebsschaden unseres Kulturlebens,* heißt es einmal. *Sie lastet wie ein Bleigewicht auf unserem Schulwesen. [...] Die freie, weltliche Schule muß die erste Etappe in dem großen Emanzipationskampfe sein. Die Rückschrittler aller Färbungen wissen genau, warum sie hier jeden Fußbreit nur nach einem verzweifelten Kampfe hergeben. Wenn die Seele der Jugend nicht mehr reaktionär infiziert wird, wenn keine Knechte mehr erzogen werden, dann ist ihr Schicksal besiegelt.*[49]

Auferstehung – wie das Altarbild in der Michaeliskirche, in der Ossietzky konfirmiert worden war – hieß ein programmatischer Artikel, den er im April 1914 über den Zusammenhang zwischen monistischer Entwicklungsidee und gesellschaftlichem Fortschritt verfaßte. Ausgangspunkt seiner Gedanken war wiederum die geistige Freiheit der Menschen, ihre Emanzipation von der ideologisch-moralischen Unterdrückung durch die kaisertreue Staatskirche. Indes steigert sich seine Ideologie- und Kulturkritik zur Systemkritik, wenn er den forcierten Kapitalismus, dessen ausgeklügeltes Ausbeutungssystem, die von ihm verursachte Arbeitshetze und Existenzangst dafür verantwortlich macht, daß die breiten Massen eher Unterhaltung als *tiefe seelische Kultur* suchen. *Da sprechen die Neunmalweisen von einer «Vergnügungs»sucht des Volkes. Eher könnte man von einer Betäubungssucht sprechen. [...] Wer daran etwas ändern will, der muß die Axt an die Wurzeln dieser «gottgewollten» Ordnung legen.*[50]

Das Ehepaar Ossietzky mit Ludwig Tügel (links)
und Heinrich Assmann (2. v. r.), 1914

Krieg und Frieden

Der rasche Fortschritt der kapitalistischen Wirtschaftsentwicklung habe den Krieg als Mittel der Politik überholt, argumentiert Ossietzky in seinem Artikel *Der heilige Mars* gegen den Rüstungstaumel des Vorkriegsjahres 1913. Nicht das Kriegshandwerk, sondern Handel und Gewerbe sollten der aufblühenden Industrienation ihren Platz an der Sonne erobern. Ihnen aber folge wie ein Schatten die Arbeiterbewegung *mit ihren sozialistischen und demokratischen Tendenzen, die wir heute als sicherste Gewähr für den Frieden ansehen müssen*[51]. Für Ossietzky hatten sich die Kämpfe der Klassen vor die der militarisierten Nationalstaaten geschoben, die er für überlebt hielt: *Die Militärstaaten finden keine Arbeit mehr*[52], schrieb er am Vorabend des Ersten Weltkrieges. Auch in Deutschland diene die Armee dem Althergebrachten, sei Hemmschuh einer demokratischen Entwicklung, in ihren Machtgelüsten ein *Staat im Staate*.[53] Aber die Zeit der großen Kriege, so glaubte er, wollte er glauben, sei vorbei.

Seit 1912 war Ossietzky überzeugter Pazifist und Mitglied der Deutschen Friedensgesellschaft (DFG), wie er selbst in den Vorermittlungen zum «Weltbühne»-Prozeß von 1931 bezeugt hat.[54] Die Pazifisten waren im Vorkriegsdeutschland eine kleine, diskriminierte Minderheit wie die Monisten, sie tagten in Hamburg wie diese im Curio-Haus und wurden ständig von der Polizei überwacht. So ist Ossietzkys Teilnahme an einer Diskussion über Wilhelm Lamszus' Antikriegsbuch «Das Menschenschlachthaus»[55] polizeilich registriert. Der DFG-Vorsitzende Friedrich Bloh war wie Ossietzky, Louis Satow und viele andere organisierte Pazifisten gleichzeitig Mitglied im Deutschen Monistenbund.

Der Raum für die Friedensbewegung wurde eng in einer Zeit, da die Deutschen im Rüstungswahn taumelten. Die boomende Industrie wollte Rohstoffe, Absatzmärkte und Kolonien, die Militärs suchten im Ruhm der Nation ihren eigenen. Und alle, fast alle machten mit. Der Widerstand der kleinen Pazifistenschar und der Sozialdemokratie schrumpfte angesichts der chauvinistischen Begeisterung der Massen und des suggestiven Getöses der Presse, aber auch angesichts des lockenden Schulterschlusses aller Klassen und Schichten gegen den angeblichen äußeren

Feind. Von ihm erhofften viele den Zusammenbruch der alten Herrschaftsstrukturen und eine neue Gesellschaftsordnung.

Auch bei den sogenannten Intellektuellen trübt sich das Urteil, bemerkte Ossietzky im Mai 1913 und bescheinigte den Publizisten im bürgerlichen Lager verblüffenden *Militäranwärtersinn*. Kaum ein deutscher Literat, der nicht den kommenden Krieg als deutschen Kulturkampf und Befreiungsschlag gegen die Überfremdung durch englische und französische Zivilisation oder gegen die «zaristische Barbarei», gegen Klassenegoismus und kapitalistische Gewinnsucht bedichtete![56]

Ossietzky gehörte zu den wenigen, die in jener aufgewühlten Zeit die eigene Haltung wahrten und in ihrer diskriminierten Außenseiterposition verharrten. Das brachte ihn 1913 zum erstenmal vor die Schranken des Gerichts. Anlaß war das sogenannte Erfurter Urteil. Darin waren drei Reservisten, die sich im betrunkenen Zustand mit der Polizei angelegt hatten, wegen «militärischen Aufruhrs» zu harten Zuchthausstrafen verurteilt worden. Der militärgerichtliche Spruch bewirkte einen Skandal und mußte unter dem Druck der liberalen Presse schließlich revidiert werden. Ossietzkys Kritik richtete sich grundsätzlich gegen die militärstaatliche Justiz mit ihrer Eigengesetzlichkeit und legte ihren autoritären Charakter bloß: *Sie hat die Aufgabe, den «Untertanen» an das Prinzip der Autorität, der unbedingten Disziplin zu erinnern. Sie hat ihm die Grenzen seiner Freiheit zu zeigen. Das bürgerliche Leben bringt eine höchst gefährliche Gleichmacherei mit sich. Also muß daran erinnert werden, daß es noch Klassen gibt.*[57] Ossietzky und Dr. Glaser, der verantwortliche Redakteur beim «Freien Volk», wurden zu je 200 Mark Geldstrafe verurteilt, die später aufgrund einer kaiserlichen Amnestie erlassen wurde.[58]

In einer Zeit, da die chauvinistische Presse nicht müde wurde, Feindbilder zu produzieren und das Gefühl zu schüren, die Deutschen seien von Feindesland umgeben, zeigte Ossietzky sich unbeirrbar weltoffen; er wandte sich gegen die Drangsalierung der dänischen und polnischen Bevölkerung Deutschlands; er kritisierte den irrationalen Franzosenhaß und erinnerte daran, daß Elsaß-Lothringen einmal zu Frankreich gehört hatte.[59] Den Panslawismus, das Schreckgespenst deutscher Wehrpropaganda, verteidigte er als legitime intellektuelle Sammlungsbewegung der kleinen Balkanländer, die um ihre kulturelle Identität rangen.[60] Kulturelles Selbstvertrauen der Völker auf hohem intellektuellem Niveau und wirtschaftliche Fortentwicklung waren für ihn der beste Schutz gegen jeden Nationalismus und die sicherste Gewähr für den Frieden.

Vor diesem Hintergrund warnte Ossietzky vor einem allzu engen Bündnis mit Österreich-Ungarn, das seine Fremdherrschaft auf dem Balkan auszudehnen trachtete. Er sah in dem Vielvölkerstaat ein morbides und eben deshalb aggressiv-militaristisches Gebilde – bereit, seine Einheit in einem neuen Waffengang zu stärken. So plädierte Ossietzky auch nach den Schüssen von Sarajevo für Frieden und für Distanz zu Öster-

Preis 10 Pfg.

Das freie Volk

Demokratisches Wochenblatt

Erscheint jeden Sonnabend.

Redaktion und Geschäftsstelle | Berlin-Schöneberg, Hauptstraße 10 :: Fernsprecher: Amt Lützow, Nr. 6466. ::

Abonnement: Mark 1.— vierteljährlich (exklusive Bestellgeld) bei allen Postanstalten (Postzeitungsliste 1910, Nachtrag 1) :: ::
Inserate: 50 Pfennig pro Zeile (Familien-Anzeigen 25 Pfennig) durch Erich Kahle, Charlottenburg V, Hebbel-Straße 9, Tel. Wilhelm, 3050.

Nr. 27. Berlin, Sonnabend, 5. Juli 1913. 4. Jahrgang.

Comoedia finita!

Von Richard Gädke.

Die Posse ist aus! Die Mitspieler klatschten zu ihrem eigenen Spiele Beifall — wer hätte es sonst getan? Sie riefen Hurra nach Art der preußischen Patentpatrioten, Wehrvereinler, Flottenvereinler, Kriegervereinler, und wie diese „Einler" alle heißen mögen; sie jubelten dem Kriegsminister zu — Gott, der arme Mann; er kommt dazu, wie die Jungfrau zum Kinde —, und Reichskanzler und Kriegsminister drückten sich gerührt die Hände, und in die Arme sanken sich beide und weinten vor „inbrünstiger" Freude. Der Pinsel eines satyrischen Zeichners sollte die Szene verewigen und sie als Denkmal dieses Reichstags und dieser Reichsregierung über dem Stuhl dieses Präsidenten anbringen, da, wo früher das Sedanbild hing. Es paßt ja für diese Gesellschaft oder wenigstens für ihre Mehrheit viel besser als irgend ein Gegenstand, der auch nur eine Spur geschichtlichen Ernstes und geschichtlicher Würde an sich trägt. Hurra, hurra, hurra! Das war das Zeichen, in dem diese Vorlage eingebracht, durchgepeitscht und angenommen wurde. Ein besinnungsloses, blödes Hurra!

Diese Wehrvorlage konnte nur dadurch einen Anschein von Rechtfertigung erhalten, diese ungeheure Belastung des deutschen Volkes, diese verzweifelte Deckung nur dadurch entschuldigt werden, daß sie einen entschiedenen, deutlich wahrnehmbaren Nutzen für unser Volk, für seine politische Stellung in der Welt brachte. Wenn es wenigstens wahr wäre, daß die Fehler unserer Diplomatie durch die Gewalt der neuen Rüstung ausgeglichen, unser Einfluß vermehrt, der Frieden gesicherter, in einem Kriege der Sieg wahrscheinlicher geworden wäre! Nichts von alledem! Das „Militär-Wochenblatt" vom 1. Juli gibt einen Auszug aus der russischen „Nowoje Wremja" wieder, von dem es selber meint, er sei nicht ohne allgemeines Interesse. Dort heißt es:

„Alle europäischen Staaten beurteilen die deutsche Heeresverstärkung mit dem gleichen Gefühl unverhüllter Beunruhigung, sogar das verbündete Italien ... Was ist der Grund dieser Anstrengung? Ist die Kraft des Dreibundes geschwächt? Nein! Italien hat das Bündnis früher als nötig erneuert; die österreichische Armee ist während des Winters eine ganz andere geworden ... In militärischen Kreisen Deutschlands macht man auch kein Hehl daraus, daß die österreichische Armee vom September vorigen Jahres und die jetzige zwei ganz verschiedene Größen sind."

Das Blatt, das wegen seiner chauvinistischen Bestrebungen ja bekannt ist, schließt daraus, daß Deutschland im Jahre 1914 Krieg führen oder einen unblutigen Sieg erringen wolle! Glücklicherweise ist nicht einmal solche „Zielstrebigkeit" der Regierung des Herrn von Bethmann Hollweg zuzutrauen; aber wir sehen, in welchem Maße die Beunruhigung in der Welt, Argwohn und Mißtrauen durch unsere plötzliche und unbegründete Rüstung größer geworden sind. Nicht die Sicherheit des Friedens, die Reibungen sind vermehrt worden.

Und noch einmal sei es hier als nationale Lüge gebrandmarkt, wenn immer behauptet wird, daß unsere Wehrvorlage eine Folge des französischen Gesetzentwurfs zur Verlängerung der Dienstzeit sei. Genau das Umgekehrte ist richtig! Die französischen Rüstungstreiber, die natürlich den gleichen Grad von Gewissenlosigkeit besitzen wie die unsrigen, haben erst dadurch Oberwasser bekommen, daß unsere Absichten in aller Form und aller Ausführlichkeit veröffentlicht und amtlich nicht mehr bestritten wurden. Unsere Vorlage ist bereits unter Hurrarufen Gesetz geworden; in Frankreich kämpfen die vernünftigen Leute noch immer ihren todesmutigen Kampf, um ihrem Volke den bitteren Trank zu ersparen oder doch möglichst zu versüßen.

Aber gerade dieses Beispiel Frankreichs zeigt, daß unsere Rüstungsvorlage im wesentlichen ein Schlag ins Wasser ist und uns militärisch keinen ins Gewicht fallenden Vorteil bietet. Um dieses Eingeständnis drücken sich auch unsere liberalen Blätter noch immer herum — es wäre freilich das Eingeständnis der eigenen Charakterlosigkeit. Dieses Gesetz ist ein Gesetz bodenlosen Leichtsinns — es bringt furchtbare Neubelastungen, die selbst den starken Schultern des deutschen Volkes schwer genug zu tragen sind — aber es gibt uns keine entsprechende militärische Ueberlegenheit. Unwahr ist es, daß die Verstärkung des französischen Heeres durch die Verlängerung der Dienstzeit nur eine Friedensverstärkung sei und für den Kriegsfall nicht einen Mann mehr ergäbe. In erster Linie wird jedenfalls die Bereitschaft zum Kriege genau auf das Maß der unsrigen, vielleicht noch etwas höher, gebracht; sodann aber will man die Gesamtdienstzeit um drei Jahre, bis zum 48. Lebensjahre, verlängern. Man erhält also allerdings mehr Leute für den Kriegsfall und selbst für die Feldarmee einen Jahrgang mehr.

Auch Rußland erhöht, mit teilweise anderen Mitteln, seine Bereitschaft entsprechend. Aber keiner unserer wackeren Reichsboten hat an den Kriegsminister die naheliegende Frage gerichtet, welchen Vorteil uns nun die neue Rüstung unseren wahrscheinlichen Gegnern gegenüber bringe. Gerade die entscheidende Frage hat man „vergessen". Der arme Herr von Heeringen wäre in noch größere Verlegenheit als gewöhnlich geraten, wenn er sie hätte beantworten sollen.

Ueber die neue Großmacht am Balkan brauche ich wohl kein Wort zu verlieren. Noch nie ist ein Staatsmann so rasch durch die Ereignisse Lügen gestraft worden, wie der deutsche Reichskanzler durch die Schlacht bei Istip, wo die Gewehre der zärtlichen Verwandten, der Glieder dieser Großmacht, ganz von selbst gegeneinander losgingen. Unnötig zu sagen, daß der staatsmännische Ruf des langen Herrn in dem Deutschland unserer Tage und unseren liberalen Parteien gegenüber dadurch nur gewonnen hat. Sie sind einander vollkommen wert, dieser Reichskanzler und diese liberalen Abgeordneten.

Wenn man nun wenigstens für diese gewaltigen und unfruchtbaren Opfer ein Aequivalent erhalten hätte. Höhnisch versichern freilich die freiwilligen Regierungsorgane, daß auch die Regierung Opfer gebracht habe, weil sie nämlich nicht alle ihre Deckungsvorschläge habe durchdrücken können! Welche dreiste Umkehr des Wortes Opfer! Ein Opfer wäre es gewesen, wenn Monarch und Bureaukratie dem Volke die längst fälligen Freiheiten und Rechte endlich gewährt, die Kommandogewalt in gesetzlich festgelegte Schranken zurückgeführt, das Militärgesetz gemildert, die Vorrechte gewisser Klassen und Truppenteile vermindert hätte. Nichts von alledem; die Resolutionen, die der Reichstag gefaßt, sind die Zeit nicht wert, die damit vertrödelt wurde; sie in das Gesetz hineinzuarbeiten mit dem kühlen Motto „Point d'argent, point de Suisses!", dazu hat man wieder einmal nicht den Mut gehabt. Es wird alles beim alten bleiben; das Spiel, das im Reichstage gespielt wurde, war kein Drama, sondern eine Posse, die die Wähler über die Impotenz ihrer Vertreter hinwegtäuschen sollte.

Und zuletzt dann der Knalleffekt! Es kam gerade zur rechten Zeit, das Bluturteil von Erfurt, um unseren Liberalen die Möglichkeit zu geben, sich mit einem Anschein von Mut und Entschlossenheit zu drapieren. Es war so toll, daß man etwas tun mußte. Nun hat man ja wohl eine Milderung des harten Strafgesetzbuches erreicht — aber um welchen Preis! Die Steuerfreiheit der Fürsten wurde wiederhergestellt, die gestrichenen drei Kavallerieregimenter wieder bewilligt! Eine glorreiche Tat fürwahr! Diesem Parlament und seiner demütigen Haltung gegenüber hat selbst ein Bethmann Hollweg es leicht, zu triumphieren. Und nicht einmal dem Erfurter Bluturteil gegenüber hat man den einzig richtigen Weg gefunden, in die Militärvorlage die Bestimmung aufzunehmen: „Am Tage der Kontrollversammlung hört die Unterstellung unter die Militärgesetze um 1 Uhr nachmittags auf." Gegen diese Festsetzung lassen sich nicht die mindesten disziplinaren Gründe geltend machen. Denn um 12 Uhr mittags (also spätestens eine Stunde vor dem Endpunkt der Militärgewalt) kann jede Kontrollversammlung unter allen Umständen beendet sein. Gegenwärtig sind auch die vom Reichstage angenommenen Strafen für eine Wirtshausrauferei und einen Widerstand gegen die Gendarmen noch immer außerordentlich hart; ihre Anwendung ist zudem in die Willkür der Militärgerichte gestellt, die von ganz anderen Gesichtspunkten ausgehen als die bürgerlichen Richter. Und man kann ihnen das nicht einmal sehr verdenken.

So endete diese ganze Aktion, so wie sie angefangen hatte, als eine Posse, in der mit dem deutschen Volke, seinen wirtschaftlichen Sorgen, seinen Rechten vermessen und leichtsinnig gespielt worden ist. Werden den Wählern endlich die Augen aufgehen, werden sie endlich die erforderlichen Folgerungen ziehen?

„Landgraf, werde hart!"

Versäumte Abonnements

auf

„Das freie Volk"

können bei jeder Postanstalt und Zeitungsspedition noch nachgeholt werden. Die bereits erschienenen Nummern des laufenden Quartals werden gratis nachgeliefert.

Das Erfurter Urteil.

Von Carl von Ossietzky-Hamburg.

„Fedja: Und Sie, der Sie an jedem Ersten mit einigen Groschen für Ihre Gemeinheit bezahlt werden, Sie ziehen sich Ihren Uniformrock an und tun sich nun groß über jene Leute, deren kleiner Finger mehr wert ist als Sie im ganzen, und die Sie nicht einmal ins Vorzimmer hineinlassen würden. Sie haben sich hinaufgeschuftet und freuen sich nun.

Der Richter: Ich lasse Sie abführen."

(Tolstoi: „Der lebende Leichnam".)

Drei Landwehrleute sollen auf fünf Jahre ins Zuchthaus wandern; ein paar andere erhalten bittere Gefängnisstrafen. So entschied das Kriegsgericht zu Erfurt. Grund: Alkoholausschreitungen. Schaden hat es außer der Aufregung nicht gegeben. Was kann man bei einem bürgerlichen Gerichte nicht alles für fünf Jahre Zuchthaus haben! Hunderttausende stehlen, seine Zeit abreißen und nachher als Rentner leben; im Affekt einen Mord begehen, den milde Richter als Totschlag auslegen. Milde Richter! Die militärische Justitia hat nicht nur verbundene Augen, sondern auch verstopfte Ohren und ein gepanzertes Herz. Alkoholausschreitungen sind häßlich. Aber so lange der Saufteufel noch eine Großmacht ist, wird nur eine geschwollene Moral einen Stein auf ein paar arme Kerle werfen, die sich in ihrer Weise einen vergnügten Tag gemacht haben.

Seit alten Zeiten zeichnen sich die militärischen Strafen durch besondere Grausamkeit aus. An der wilden Soldateska des dreißigjährigen Krieges sühnte die beleidigte Gerechtigkeit die zahllosen Untaten mit Spießrutenlaufen, Rad und Galgen. Was wurde damals gehängt! Wieviele Knochen wurden von den Strafwerkzeugen gebrochen! Die Kriegsjustiz sandte mehr Krüppel ins Land als alle Schlachten. Man erzählt von einem alten Haudegen, der als Vorsitzender eines Kriegsgerichts die Sitzung abbrach, indem er das Buch zuklappte und dem Profossen zurief: „Es ist das beste, wir beginnen mit der Exekution!"

Heute kennt die Justiz weder Wippe noch Rad. Nur noch Paragraphen. Aber die eben angeführten Worte des Marschalls von Monluc, die in ihrer rauhen Aufrichtigkeit so bezeichnend sind, müßten heute über der Pforte jedes Kriegsgerichtes stehen. Sie sind symbolisch. Und das Bild des alten Kriegsmannes müßte in jedem Sitzungszimmer hängen; denn er hat es erkannt und in wahrhaft klassische Form gebracht, daß es bei der militärischen Justiz nicht auf den Paragraphenplunder, sondern einfach auf die Strafe ankommt. Diese Justiz will nicht prüfen und wägen, wie die bürgerliche — es soll. Sie will auch nicht vergelten. Sie überzahlt. Sie hat die Aufgabe, den „Untertanen" an das Prinzip der Autorität, der unbedingten Disziplin zu erinnern. Sie hat ihm die Grenzen seiner Freiheit zu zeigen. Das bürgerliche Leben bringt eine höchst gefährliche Gleichmacherei mit sich. Also muß daran erinnert werden, daß es noch Klassen gibt. Das ist die Aufgabe der Kriegsgerichte. Der Vorgesetzte wird gestreichelt, der Unterreich-Ungarn: *Wir müssen uns enger an den demokratischen Westen Europas anschließen.*[61]

Aber die Demokratische Vereinigung war schon dabei, ins Lager der Kriegsbegeisterten überzulaufen. Wenige Tage nach Kriegsbeginn löste sie sich mit einem patriotischen Abgesang auf. «Das Freie Volk» wurde eingestellt, die meisten Mitarbeiter zogen in den Krieg. Vernunft und Aufklärung schienen wie weggeblasen von den ersten Stürmen der Kriegseuphorie. Da Millionenheere sich aufmachten, «deutsche Kultur und deutsches Wesen mit gewaltigem Schlage zu zermalmen», so die letzte Nummer des Parteiorgans, solle man nicht beiseite stehen, sondern sich ganz dem deutschen Überlebenskampf widmen.[62]

Auch die Mehrheit der deutschen Monisten stimmte in den vaterländischen Chor ein. Sie hofften, daß der Krieg ihnen Glaubensfreiheit und gesellschaftliche Akzeptanz bringen würde. Sie erwärmten sich für den Gedanken einer pädagogischen Weltmission deutschen Wesens, die sie auch als Siegeszug der monistischen Aufklärungsidee begriffen. Und sie begrüßten den gesellschaftlichen Aufstieg der modernen Naturwissenschaften – im Rahmen einer gigantischen Rüstungsproduktion.[63] Es war der alte Traum vom einigen und freien Volksstaat im Geist der Revolution von 1848, der sogar Ossietzky eine kurze Weile für nationale Töne empfänglich machte und ihn Ende 1914 zu einem Appell an die deutschen Theater bewegte: Sie sollten mehr und vor allem kräftigeren Patriotismus zeigen, gemäß dem *prächtigen vorwärtsstürmenden Leben dieser Tage.*[64] Weiter mochte er sich wohl nicht auf den patriotischen Ton einlassen, der damals von der Presse verlangt wurde: es blieb sein letzter veröffentlichter Artikel für Jahre. *Haben wir Pazifisten nicht auch 1914 die nationale Hochflut gespürt*, erklärt er sich in einem seiner ersten Artikel nach dem Krieg, *hat uns nicht auch das Pathos dieser Bewegung gepackt und unsere Seelen erbeben lassen, während der kritische Verstand mühsam genug versuchte, uns aus dem Getriebe zu retten [...]?*[65]

Nach Kriegsausbruch gelang es Ossietzky nicht mehr, *als Pazifist einen pazifistischen Artikel in einem deutschen Blatt unterzubringen,* wie er später erklärt hat. *Die ersten drei Kriegsjahre mußte ich feiern. [...] es ist mir nicht gegeben, meine Gedanken dermaßen in Abstraktion zu verschachteln, daß kein Zensor mehr den wahren Sinn errät, und das Publikum erst recht nicht.*[66] Ende 1914 stellte er einen Antrag auf Wiedereinstellung beim Hamburger Amtsgericht und begründete das mit dem kriegsbedingten Versiegen seiner Einnahmequellen als Journalist: *Ich habe nun monatelang gegen diese ungünstigen Verhältnisse angekämpft, aber in meinem Berufe ist eine Besserung nicht zu erwarten. [...] Außerdem bin ich verheiratet, und so klein mein Haushalt auch ist, könnte ich ihn doch mit meinem jetzigen Einkommen kaum länger aufrecht erhalten.*[67] Dem Antrag wurde stattgegeben, und ab Anfang 1915 war Ossietzky wieder – bei 1400 Mark Jahresgehalt – Bürogehilfe im Grundbuchamt.

Blick auf die Außenalster, aus Ossietzkys Wohnung fotografiert, um 1916

Als Ossietzky nicht mehr publizieren durfte, geriet er erneut in eine Sinnkrise, wie er 1916 in einer Eintragung in das *Erinnerungsbuch*, das er für seine Frau angelegt hatte, andeutet: *Ich wagte nicht mehr zu denken, alles war für mich zur müßigen Spielerei geworden. Ich hatte einmal eine heiße Sehnsucht zur Kunst gehabt; diese Sehnsucht war nun vorüber. An ihre Stelle war das bloße Interesse an Form- und Stilspielereien getreten. [...] Ich war eitel geworden, eitel auf meinen Intellect. Aber wer schaffen will, kann das unmöglich mit dem Intellect allein tun, er muß von starken innern Kämpfen durchschüttelt werden können. Jeder Mensch, der schaffen will, muß in eigener Person durch Himmel und Hölle schreiten, es genügt nicht, hin und wieder einen Blick durchs Telescop zu tun und dann von dem Gesehenen Bericht zu geben.*[68]

Es war seine Frau Maud, die ihn auf die Idee brachte, politisch-historische und literarische Zirkel für bildungshungrige Hamburger Bürgersöhne anzubieten und dafür Eintrittsgeld zu verlangen. Wie Maud berichtet, stießen die Veranstaltungen auf reges Interesse.[69] Für Ossietzky waren sie wohl wichtig als Selbstbestätigung – und als Ausdrucksmöglichkeit in einer Zeit erzwungenen Schweigens.

Liebes Kind! schrieb er ihr ein Jahr später. *Deinem Kopfe entsprang die Idee zu den Vorträgen des letzten Winters, du bist die Anregerin gewesen und bis zu einem gewissen Punkte auch die Triebkraft gewesen. Ich wuchs gleichsam in die Tat hinein, zuerst mußte ich geschoben werden, gestützt werden, bis ich plötzlich auf eigenen Füßen stand.*[70] Sie gab ihm Selbstvertrauen, aber dabei schrumpfte sie selbst immer mehr zur *lieben kleinen Frau* nach seinem Bilde. Ossietzkys Briefe an Maud zeugen von Fürsorge und Pflichtgefühl. Immer wieder trat er als Tröster und Mahner auf, verkleinerte sie gleichzeitig zum *Kindchen* und *kleinen Frauchen*, konnte sich ihr Leben nicht mehr ohne *meine Wenigkeit* vorstellen. Manchmal – in den ersten Jahren eher neckisch, dann immer ernsthafter – ist von Mauds beginnender Alkoholkrankheit die Rede. Sie hat die eigenen Briefe an ihren Mann später größtenteils vernichtet. Aber aus seinen Zeilen kann man herauslesen, daß sie sich gern in die Rolle der Schutzbedürftigen und Hilflosen gefügt hat, daß sie ein Mensch war, der ständig unter irgendwelchen Ängsten litt und damit Zuwendung provozierte.[71]

Ein paar Jahre nach der Heirat verliebte Ossietzky sich einmal in eine andere Frau.[72] Für Maud war das ein verletzender Vertrauensbruch, den sie wohl niemals ganz überwunden hat. Ossietzky widmete der *Liebesaffaire* ein paar bedauernde Zeilen im Erinnerungsbuch: *Liebes Kind, die Geschichte war für mich nötig. Ich, der ich mich so unendlich überlegen über alles hinwegsetzte, mußte selber wieder einen Kampf erleben, mußte erfahren, daß da Dinge sind zwischen Himmel und Erde, von denen meine Schulweisheit nichts mehr ahnte. [...] Du liebes gutes oft betrogenes Schäfchen, wer hieß Dich auch, das Schicksal eines Menschen zu teilen, der innerlich beweglicher ist als viele, viele andere?!* Letztlich betrachtete Ossietzky seine Ehe wohl als eine Art unauflösliche Schicksalsgemeinschaft, als Ergebnis eines Gefühls, *das uns wie eine dunkle Macht zusammentrieb und uns aneinander kettete.*[73] Spätere Eintragungen in das *Erinnerungsbuch* lassen ahnen, wie quälend das Zusammenleben der beiden oft gewesen sein muß und wie ohnmächtig sie sich dem ausgeliefert fühlten.

Ich glaube, daß es ein Intimstes im Menschen gibt, was nicht den Wandlungen der sozialen Struktur unterliegt und infolgedessen auch niemals «gelöst» werden kann, schreibt Ossietzky 1925 in einer kritischen Betrachtung der sogenannten Berliner Liebe mit ihrer scheinbar befreiten Sexualität. *In diesem Sinne bleibt die Liebe ebenso unlösbar wie der Tod.*[74] Eine solche Sichtweise versperrt jedoch den selbstkritischen Blick auf die Gestaltungsmöglichkeiten intimen Glücks. Letztlich hatte Ossietzky wohl sehr traditionelle Vorstellungen von der Ehe, konnte sich eine gleichberechtigte, selbständige Frau an seiner Seite nicht so recht vorstellen. Das korrespondiert mit seiner Haltung zur Frau in der Politik. Hier zeigt er deutliche Ressentiments, wenn er etwa Bertha von Suttner die Fähigkeit zur reflektierenden Urteilskraft, zur Objektivität abspricht und ihr bescheinigt, *aus reiner Weiberseele*, aus einem sentimentalen Gefühl heraus für den Frieden gekämpft zu haben.[75] *Wenn seit dem Losbruch der Großen Zeit die Frauen in steigendem Maße darauf verzichteten, sich an der Menschheit Würde mithebend zu beteiligen,* erklärt er 1925, *so werden sie schon dunkel geahnt haben, weshalb.*[76]

1928, nach zehn Jahren angeblich vernunftgeleiteter «Realpolitik» im neuen Deutschland, beurteilt Ossietzky die Möglichkeiten der Frauen in der Politik anders. *The Revolt of German Women* heißt ein Artikel, den er für die amerikanische Zeitung «The Nation» verfaßt hat. In Deutschland habe sich seit dem Zusammenbruch der Monarchie nicht viel geändert, schreibt er darin. Die alten Mächte aus der Kaiserzeit in Wirtschaft, Militär und Politik seien geblieben und zeigten sich weiter ohne Sinn für politische Moral. Verändert habe sich in Deutschland einzig und allein die Frau. Mit kurzem Haar und kurzem Rock belebe sie das Bild der Städte; im Kampf um ihre berufliche Unabhängigkeit und sexuelle Befreiung habe sie traditionelle Klassengrenzen gesprengt. Frauen aus allen gesellschaftlichen Schichten fänden zusammen im Kampf um ihre Rechte. Es habe sich gleichsam eine neue weibliche Gesellschaft innerhalb der bürgerlichen gebildet.[77]

Gewiß sah Ossietzky in diesem Aufsatz die Frauenbewegung verklärt, überschätzte er vereinzelte überparteiliche Ansätze wie die Sexualreform- und Mutterschutzbewegung Helene Stöckers. Im ganzen war die Frauenbewegung gespalten wie die Arbeiterbewegung, und «proletarische» Frauen konkurrierten mit «bürgerlichen». Aktuell bleiben jedoch Ossietzkys Gedanken über die mögliche Kraft einer solidarischen Gemeinschaft von Frauen und einer von Gerechtigkeitsgefühl getragenen Politik in einer Zeit, in der politische Ideale wieder und wieder im Namen einer angeblichen «Realpolitik» preisgegeben wurden.

1915 begann Ossietzky eine rege Vortragstätigkeit für die Friedensgesellschaft (in deren Vorstand er später, 1917, gewählt wurde) und den Monistenbund. In seinen Vorträgen versuchte er – im Rahmen des noch Erlaubten – Vernunft gegen den Sog des nationalen Gefühls zu setzen. Er wies auf die Gefahren des blinden Völkerhasses und auf die Verwirrung der ethischen Begriffe im Krieg hin. Eindeutig nahm er Stellung gegen Eroberungspläne, wie sie von großen Teilen der Presse im ersten Siegesrausch verbreitet wurden. Gleich der Mehrheits-SPD forderte er einen gerechten Völkerfrieden ohne Annexionen.

Im Laufe des Jahres nahmen die Repressalien gegen standhafte Pazifisten in Deutschland zu; eine öffentliche Kritik der deutschen Kriegspolitik war faktisch verboten; pazifistische Versammlungen wurden polizeilich observiert. Ein Polizeibericht überliefert Teile einer Rede Ossietzkys vom Juni 1915, in der er seine Hoffnung zum Ausdruck brachte, daß der Krieg grundlegende gesellschaftliche Wandlungen mit sich bringen würde: *Die ungeheuren Erlebnisse werden jedoch einen tiefen Einschnitt durch Generationen und den Einzelnen stolzer, gefestigter machen in dem Bewußtsein, was er dem Staate bedeutet. Die unausbleibliche Änderung des Volkscharakters wird wohl zuerst in der Kunst ausstrahlen! Jeder ist zwar von dem Rechte überzeugt, ein neues Deutschland zu verlangen, aber wir werden es dennoch teuer erringen müssen und nichts geschenkt bekommen. Daher gilt es schon vorbereiten! An den Wandlungen einer politischen und religiösen Reaktion, die zu erwarten steht, wird dem Monismus ein großer Anteil zufallen, und vereint mit anderen freigeistigen Bewegungen hat er sich zu dem gewaltigen Emanzipationskampf zu rüsten.*[78]

Am 14. Juni 1916 wurde Ossietzky als Landsturmmann des Ersatz-Bataillons II in Hamburg eingezogen und einen Monat später zu einem bayerischen Pionierregiment in Biberach abkommandiert. Im September kam er dann zum Armierungsbataillon 51, 2. Kompanie, das an der flandrischen Westfront stationiert war.[79] Als einfacher Armierungs-

Ossietzky (mittlere Reihe, 3. v. r.) als Armierungssoldat in Hamburg, 1916

soldat – im Volksmund: «Schipper» – wurde er beim Bau von Straßen, Wegen und Befestigungsanlagen eingesetzt.

Über Ossietzkys Kriegserlebnisse ist wenig bekannt, außer ein paar Informationen aus einem Schlußwort im «Soldatenprozeß» von 1932, in dem er sich als Redakteur für Tucholskys berühmten Satz «Soldaten sind Mörder» zu verantworten hatte. Ossietzky berichtet, daß er als Telefonist an der vordersten Front bei Verdun eingesetzt war. *Ich habe dort in der Feuerlinie gestanden und gearbeitet, kenne den Krieg also nicht nur literarisch.*[80] – *Was ich im Krieg gesehen, hat meine Meinung über ihn und das Kriegshandwerk durchaus bestätigt. [...] daß der Krieg nichts Heroisches bedeutet, sondern daß er nur Schrecken und Verzweiflung über die Menschheit bringt.*[81]

Irgendwann 1917, an der Front, verfaßte Ossietzky den Essay *Monismus und Pazifismus*, der damals nicht veröffentlicht wurde. Darin rechnet er mit dem Opportunismus der Mehrheit im Monistenbund und des Vorsitzenden Wilhelm Ostwald gegenüber der deutschen Kriegspolitik ab. Statt auf Rationalität zu beharren, habe man dem nationalen Irrationalismus eine pseudowissenschaftliche Grundlage gegeben, den Mißbrauch der Wissenschaft für die Vernichtung von Kultur als Fortschritt begrüßt, die eigene Theorie zu einer populärdarwinistischen Lehre vom Kampf ums Dasein verkommen lassen. Die modernen Natur- und mit ihnen die Gesellschaftswissenschaften eröffneten jedoch die Möglichkeit einer Gestaltung der Politik nach einem wissenschaftlich-humanistischen Plan; und dieser Plan berge den Frieden als notwendige Voraussetzung in sich. *So wurzelt der Pazifismus tief im Monismus*, schrieb Ossietzky. *Wer in der Natur eine Entwicklung in aufsteigender Linie erkennt, wer bewundernd die Entwicklung von der kleinsten Zelle zum kompliciertesten Organismus verfolgen kann, der muß das Prinzip der Entwicklung, der Höherentwicklung auch für die menschliche Gesellschaft gelten lassen. Wer das Prinzip der gegenseitigen Hilfe in der Natur nicht bestreitet, der kann auch nicht dulden, daß unser Leben, das individuelle wie das Leben der Völker, anarchisch verläuft, der wird nicht dulden können, daß die Aufgaben unserer Kulturphase durch rohe Waffenkriege unterbrochen werden ...*[82]

Ossietzky forderte ein klares Bekenntnis der Monisten zum Frieden – zu einer Zeit, da die ehemalige Opposition bis auf ein paar versprengte Pazifisten um den Friedensnobelpreisträger Alfred H. Fried und die radikalen Sozialisten um Rosa Luxemburg noch keine prinzipielle Kritik an der deutschen Kriegspolitik wagten. Damals flammte im Monistenbund eine alte Diskussion wieder auf: Ob man im hehren Raum der reinen Wissenschaft verharren oder sich in die lebendige Politik einmischen solle. Für Ossietzky verbarg sich hinter der Forderung nach politischer Abstinenz die Absicht, einer kritischen Reflexion der eigenen Haltung zu Krieg und Frieden auszuweichen.[83]

Im November 1917 wurde Ossietzky – vermutlich wegen Rückenbe-

Deutsche Soldaten in einem Schützengraben an der Westfront, 1916

schwerden – in das Feldlazarett Lichtervelde in Belgien eingewiesen und bald darauf nach Brüssel überführt. Mittlerweile hatte sich Kriegsmüdigkeit in Deutschland breitgemacht, und die ehemalige Opposition begann sich zu regen, nachdem die Regierung die Friedensresolution der Reichstagsmehrheit von Juli 1917 weitgehend ignoriert hatte und in den Friedensverhandlungen mit Sowjetrußland deutlich annektionistische Interessen erkennen ließ. Um Weihnachten herum gelang es Ossietzky, vom Lazarett aus Kontakt mit Carl Rieß aufzunehmen[84], der in Hamburg die «Monatlichen Mitteilungen des Deutschen Monistenbundes» herausgab und fortan – manchmal zensiert und entschärft – Beiträge seines Bundesbruders abdruckte.

Zunächst vertrat Ossietzky noch eine Außenseiterposition, denn im Prinzip war das Monistenblatt weiterhin stramm auf Durchhaltekurs. Dagegen maß er das große Wort von der deutschen Weltmission an der Wirklichkeit des Krieges: *Unnütz verströmende Energie überall. Der da möchte Kultur schaffen, möchte aufbauen – und muß mit seinem eisernen Ungetüm blühende Menschen-Siedlungen vernichten. Und jener möchte unter den Menschen wirken, ihnen heilsame Botschaft von gegenseitiger Hilfe predigen – er muß den Mitmenschen, den ewigen Bruder, wie ein ekles Gewürm mit giftigen Gasen ersticken. Nicht nur materielle Güter, seelische Kapitalien werden sinnlos vergeudet.*[85] Diese Worte richteten sich wohl vor allem gegen den Physiker Wilhelm Ostwald und andere führende Wissenschaftler im Deutschen Monistenbund: Einstmals hatten sie den Krieg als sinnlose Energieverschwendung verdammt; nun feierten sie ihn – dem Zeitgeist gemäß – als Schrittmacher der wissenschaftlich-technischen und kulturellen Entwicklung.

Am 5. Februar 1918 kehrte Ossietzky zur Truppe zurück und wurde noch einige Male versetzt. Mitte September kam er mit der 2. Kompanie des Armierungsbataillons zum Bayerischen Artillerie-Parkkommando. Im Felde schrieb er eine scharfe Attacke gegen jene Mitglieder des Monistenbundes, die schwülstige Durchhalteappelle und Kriegsromantik in ihrem Mitteilungsblatt verbreiteten – wie etwa der Sozialdemokrat Heinrich Peus, der im Juni 1918 einen Artikel «Krieg und Glaube» veröffentlicht hatte. *So wie du die Welt anschaust, so schaut sie dich wieder an,* parodierte Ossietzky den *Optimisten. Gesetzt den Fall, Lieber, du hocktest im Granattrichter, halb betäubt von giftigen Dünsten – warum so miesepetrig? Jeder Situation läßt sich Reiz abgewinnen. Das Beste ist schon, du machst unter der Gasmaske die Lippen spitz und flötest: Ja, wunderschön ist Gottes Erde und wert, darauf vergnügt zu sein …*[86]

Wann genau Ossietzky aus dem Krieg heimkehrte, ist nicht bekannt. Am 2. Januar 1919 jedenfalls kündigte er beim Hamburger Amtsgericht und nahm bald darauf wieder seine Vortragstätigkeit für den Monistenbund und die Friedensgesellschaft auf.

In Carl Rieß' Mitteilungsblatt begann er eine scharfe Debatte mit H. C. Siemering, einem Exponenten der nationalgesinnten Fraktion der DFG, die sich während des Krieges auf die Seite der deutschen Regierung gestellt hatte und auch 1919 noch Deutschlands Schuld am Krieg bestritt. Siemering hatte Alfred H. Fried, dem Gründer der deutschen Pazifistenorganisation, Verrat an der Nation vorgeworfen, weil er den Weltkrieg unverblümt einen deutschen Präventivkrieg genannt und dem nationalen Gedanken das Ideal einer staatsübergreifenden europäischen Völkergemeinschaft entgegengehalten hatte.

Ossietzky und mit ihm die überwiegende Mehrheit der Hamburger Ortsgruppe der DFG ergriff Partei gegen die Nationalgesinnten in den eigenen Reihen. Er erinnerte an den Opportunismus der nationalistischen DFG-Mitglieder während des Krieges und an die Leiden Frieds, Quiddes und aller anderen konsequenten Pazifisten, zu denen er sich selbst rechnete: man hatte Polizeischikanen, Schreib- und Redeverbot, Schutzhaft auf sich genommen.[87] Die Kriegsschuldfrage war für Ossietzky die Schlüsselfrage für Deutschlands Zukunft. Er forderte ein klares Schuldbekenntnis als Bruch mit der nationalistischen Vergangenheit: *Wir wollen es als Anfang. Denn werden wir auch noch lange Zeit für alte Sünden zu büßen haben, so wollen wir uns doch nicht mehr mit dem alten Geist beladen. Ein armes Volk werden wir sein – aber frisch und reinlich soll unsere Armut sein und nicht nach Moder riechen.*[88]

Im Februar 1919 war Ossietzky neben Wilhelm Lamszus, Louis Satow und Carl Thinius in den beratenden Ausschuß des Vorstandes der Hamburger Ortsgruppe des Deutschen Monistenbundes gewählt worden, von dem er Großes erwartete. *Es ist nicht zu zweifeln*, hatte er noch im Lazarett in Belgien geschrieben, *daß nach diesem Krieg ein gewaltiger Schrei nach einer Ethisierung der Politik sich erheben wird. Da kann der Monismus nicht beiseite stehen, er muß tätig mitwirken an der Heranbildung einer Politik, die nicht den Charakter verdirbt.*[89]

Von den Kämpfen um eine sozialistische Räterepublik hielt Ossietzky sich fern. Keine Spur in seinen Lebensdokumenten deutet auf eine Mitarbeit im Hamburger Arbeiter- und Soldatenrat oder in der USPD hin.[90] Seine Schriften aus jenen Kampfmonaten sprechen eher dagegen. Als Monist glaubte er an eine evolutionäre Entwicklung der Gesellschaft und lehnte ihre gewaltsame Umwandlung durch Bürgerkrieg ab – wie jeden anderen Krieg.

Revolution – das war für den Dreißigjährigen nach dem großen Krieg der *Elan des Tages*, wenn die *Ideen der wenigen plötzlich mit der Energie eines ganzen Volkes* verschmelzen – ein Augenblick der Geschichte nur, der mit der Vergangenheit bricht, aber noch kein Konzept für die Zukunft hat: der nichts Neues aufbaut.[91] Revolution war für Ossietzky nicht gewaltsamer Umsturz, sondern Auflösung einer veralteten politischen und wirtschaftlichen Herrschaftsordnung, die den Krieg verschuldet und verloren hatte; Ausgangspunkt einer evolutionären Entwicklung zum Guten, Schönen, Wahren und Gerechten.

Ossietzky teilte die Ansicht der Mehrheitssozialdemokraten, daß es verhängnisvoll und falsch war, gesellschaftliche Entwicklungsphasen zu überspringen und den Sozialismus zu dekretieren, wie es in der Sowjetunion geschehen war. Die sogenannte Diktatur des Proletariats, in ihrer bolschewistischen Form als Herrschaft einer Avantgarde-Partei, sah er als Rückfall an hinter demokratische Errungenschaften der Aufklärung und der bürgerlichen Revolution – sei sie auch noch so unvollendet geblieben – in Westeuropa. Dort habe die Arbeiterklasse im Kampf um demokratische und soziale Rechte bereits eine Aufgeklärtheit und damit eine Fähigkeit zur Freiheit erreicht, an der gemessen der Bolschewismus reaktionär sei, ein *ausgeprägt russisches Gewächs*, schreibt Ossietzky im Juni 1920 in seinem Artikel *Moskau und Potsdam* – dieses Gewächs könne nur auf dem Boden des zaristisch-bürokratischen Gewaltregimes gedeihen, setze es gleichsam fort.[92] Der Sozialismus könne nur gedeihen, wenn er getragen wird von der *überwiegenden Majorität des Volkes*, seine Basis sei die Demokratie. Die russische Revolution war für ihn nicht übertragbar auf die Weimarer Republik, aus deren Wirrnis nur eines herausführen konnte: ein *ehrliches und schrankenloses Bekenntnis zur Demokratie, zum Prinzip der Evolution. Denn Revolution in Permanenz, wovon die deutschen Trotzki-Jünger träumen, führt zum Kampf aller gegen alle und macht den glücklichen Endsieger schließlich zum Herrn eines Beinhauses.*[93]

Im Pfadweiser-Verlag, März 1919

Für den Monisten Ossietzky war der Sozialismus – was immer er darunter verstand – nur als Ergebnis einer langen Entwicklung denkbar. Den Erfolg der *alleinseligmachenden Phrase* in der Zeit der Inflation und des sozialen Elends erklärte er mit der Gnadenlosigkeit kapitalistischer Gewinnsucht, mit Spekulantentum und Luxusleben der Kriegsgewinnler auf Kosten der Armen. Aber: *Der Sozialismus kann nicht wie Athene aus dem Haupte des Zeus steigen,* resümierte er 1920 in seinem Appell *Pflicht und Arbeit!* und forderte: *der Wille zu sozialer Gerechtigkeit, der immer in den besten lebendig gewesen ist, soll wieder zur großen Parole des Tages werden.*[94]

Ossietzky sah das *werdende Deutschland* nach dem verlorenen Krieg zunächst als eine Art jungfräulichen Boden. Alles schien zusammengebrochen: Der Militarismus, der kaiserliche Staatsapparat und vor allem der bürgerlich-kapitalistische Geist, der bislang die Köpfe beherrscht hatte. Es mußten nur noch die Trümmer der alten Gesellschaft beiseite gefegt werden, um Raum für eine neue zu schaffen: für die junge Republik. Gehegt und gepflegt sollte sie werden – von Aufklärern, wie sie Ossietzky im Deutschen Monistenbund versammelt glaubte, den er gleichsam zu einer Schule der geistigen Elite erhöhen wollte. Den radikalen Sozialisten und Kommunisten warf er vor, das demokratische Lager zu spalten und Gewalt zu säen, die letztlich immer der Reaktion nütze.[95]

Gleich nach seiner Rückkehr aus dem Krieg, im Jahr 1919, wurde Ossietzky Mitarbeiter des Pfadweiser-Verlages, den sein monistischer Bundesbruder Carl Thinius in einem Hamburger Hinterzimmer in der Schanzenstraße gegründet hatte.

Der Name des kleinen Verlages offenbart seine Intention: Er wollte Wegbereiter sein für ein neues Bewußtsein, für neue ethische Grundsätze in der Politik.[96] Ossietzky sah eine geistige Reformation kommen wie einst die lutherische. *Der Anmarsch der neuen Reformation* hieß seine erste und einzige selbständige Veröffentlichung, ein Katechismus für die deutsche Republik: *Revolution muß Reformation werden. Durchsetzung der Köpfe mit neuem Geist. [...] Wir müssen den Menschen schaffen, dem kein Staat, keine Partei mehr befehlen darf: Du sollst töten oder: Du sollst dich töten lassen. [...] Wir müssen den autonomen Menschen schaffen, durch nichts gebunden als durch das Bewußtsein, daß Millionen sein Schicksal teilen.*[97]

Hamburg, Schanzenstraße 41 a

Titelblatt der zweiten Auflage von Ossietzkys Schrift

Die zum Himmel hochlodernde Flamme war das Symbol des Deutschen Monistenbundes. «Laterne» sollte eine Zeitschrift heißen, die Ossietzky beim Pfadweiser-Verlag herausbringen wollte. Es ist nur noch das Cover der ersten Nummer erhalten. Wahrscheinlich ist sie nie erschienen, weil Ossietzky im Spätsommer 1919 als Sekretär der Deutschen Friedensgesellschaft nach Berlin ging. In der naiven Zeichnung spiegelt sich alle Arglosigkeit des noch jungen Kriegsheimkehrers und seiner Gesinnungsgenossen gegenüber den realen politischen und wirtschaftlichen Mächten. Sie brachen auf, mit kleinen Blättchen und Traktaten die Köpfe und Herzen der Massen für die junge Republik zu gewinnen, von der sie glaubten, sie werde Zeit und Raum für Aufklärung bieten. Derweil machten sich die alten Kräfte in den Apparaten von Staat, Militär, Justiz und Wirtschaft wieder breit.

Der gewaltige Propagandaapparat der Reaktion machte mobil gegen die Demokratie und für den Revanchegedanken. Die deutschen Linksparteien aber zerfleischten sich gegenseitig. *Das haben wir uns 1918 nicht*

Titelblattentwurf von H. D. Leipheimer für eine von Ossietzky geplante Zeitschrift

träumen lassen, schrieb Ossietzky ein Jahr später, *als wir, fern der Heimat, unsere verwitterten Feldmützen in die Luft warfen und die Republik leben ließen, daß so bald an ihr gerüttelt würde, daß so mancher, der sich damals die Kehle wund schrie, so bald zum unfreiwilligen Helfer derjenigen würde, die sie heute meucheln wollen. Was uns damals das Blut schneller durch die Adern jagte, das waren nicht Parteiprogramme und nicht spitzfindig ausgeklügelte soziale Glaubenssätze – kein Mensch fragte danach, was Radek von Kautsky trennte. Millionen aber einte das Gefühl: das Morden ist zu Ende, der Militarismus ist an sich selbst verreckt,* [...] [98]

Nur aus einer Verbindung demokratischer und sozialistischer Ideen konnte nach Ossietzkys Überzeugung das geistige Fundament der Republik erbaut werden; das hieß auch: Demokraten und Sozialisten mußten es gemeinsam errichten. Und nur zusammen konnten sie seine Zerstörung verhindern. Die sozialistische Massenbewegung mußte auf den demokratischen Weg gebracht werden, glaubte er.

Dieser Weg drohte 1919/20 durch den Anschluß seiner Hoffnungsträ-

Dichterpose, 1919. Fotografie eines Ölgemäldes

gerin USPD an die Kommunistische Internationale versperrt zu werden. Denn eine Mitgliedschaft in Lenins Komintern war mit der uneingeschränkten Übernahme des russischen Revolutionstypus und der damit verbundenen politischen Gewalt verknüpft. Der Mehrheitsbeschluß des USPD-Parteitages in Leipzig Ende 1919, in dem der Eintritt in die Komintern und das politische Prinzip «Diktatur des Proletariats» grundsätzlich befürwortet wurden, war für Ossietzky Anlaß, über die Zauberkraft des Wortes Diktatur in Deutschland, einem Land der gescheiterten Revolutionen, nachzudenken. In jedem Deutschen, sei er nun Sozialist oder

Monarchist, stecke der preußische Untertan, der immer nur für eine neue Diktatur revoltieren könne, und sei es eine proletarische. Ossietzky interpretierte damit den Begriff «Diktatur des Proletariats» ausdrücklich als eine Form der Unterdrückung und des Terrors.[99]

Als sich im Sommer 1920 breiter Widerstand innerhalb der USPD gegen die 21 Aufnahmebedingungen der Komintern regte, schöpfte Ossietzky neue Hoffnung für die Möglichkeit eines Zusammengehens von sozialistischen und bürgerlichen Demokraten in Deutschland. *Und deshalb ist dieser Kampf in der Unabhängigen Sozialdemokratie mehr als der übliche Parteizwist,* erklärte er im September 1920 in seinem Artikel *Gegen die Balkanisierung Deutschlands.* Er betonte: *Da wird sich in den nächsten Monaten ein Stück deutscher Zukunft entscheiden. Das ist die Frage: Werden sich wesentliche Teile der Arbeiterschaft einem finsteren, fanatischen und durch und durch uneuropäischen Glaubenssatz verschreiben und damit eine erneute Ära von Bürgerkriegen einleiten, die die Barbarisierung Deutschlands vollenden und den letzten Rest von Kultur fortfegen wird, oder wird durch eine Absage an die Doktrin Lenins unserer Demokratie wieder eine stattliche Kämpferschar zugeführt, die sie gerade im letzten Jahre oft bitter entbehren mußte?*[100]

Aber auf dem Parteitag der USPD im Oktober 1920 in Halle beschloß die Mehrheit den Anschluß an die Komintern und den Zusammenschluß mit der KPD. Seine Enttäuschung und seine Ablehnung jedweder Gewalt, also auch der revolutionären und schon gar der weltrevolutionären, artikulierte Ossietzky 1920 in seinem Artikel *Arbeiterschaft und Gewaltpolitik*[101]. Unbegreiflich fand er, daß Menschen nach den Jahren des Grauens erneut einer Parole nachliefen, die in ihrer Konsequenz den Krieg nach innen und nach außen bedeutete. *Unsere Sehnsucht aber ahnt eine neue Zeit, die nicht mehr mit dem Schwert spielt und nicht mehr die tote Idee, sondern den Menschen selbst zum Mittelpunkt macht* – so formulierte er seine Utopie. Wenige Monate vorher hatte er ein realpolitisches Konzept dafür entworfen: Zusammen sollten die *Vertreter sozialistischer und bürgerlicher Demokratie* die Welle des Rechtsradikalismus eindämmen, einen gemeinsamen Boden und eine entgiftete Atmosphäre schaffen für einen *sauberen und prinzipiellen Kampf* zwischen den beiden großen *Flügeln des Demokratismus.*[102]

Nach seinem Umzug von Hamburg nach Berlin im Sommer 1919 hat Ossietzky seine Mitarbeit bei den Monisten wohl auf schriftliche Beiträge beschränkt. Bis 1922 schrieb er unter dem Pseudonym Thomas Murner noch regelmäßig Artikel[103] für die «Monistischen Monatshefte», insbesondere eine Rubrik *Von der deutschen Republik*, mit der er eine politische Orientierung in den Wirren der Nachkriegsjahre zu geben versuchte. Der Monistenbund schien sich in seinem Sinne zu entwickeln. Im September 1920 beschloß man die sogenannten Hamburger Thesen, in denen der Bund sich zum wissenschaftlichen Pazifismus und Internationalismus bekannte und sich verpflichtete, seine Mitglieder mit den Lehren des Sozialismus vertraut zu machen. Diese von Carl Rieß entwickelten Thesen bedeuteten ein klares Bekenntnis zur politischen Verantwortung, wie Ossietzky es gefordert hatte.

In einer Betrachtung über *Unsere neuen Arbeitsthesen* im März 1921 begrüßte er die Hinwendung des Bundes zur Friedensidee, beklagte aber auch, daß so viel Zeit bis dahin verstreichen mußte.[104] Noch immer maß er der monistischen Bewegung mit ihrer Entwicklungsidee erstaunliche Bedeutung bei, sah sie als Baumeisterin einer neuen Gesellschaftsordnung nach wissenschaftlichem Plan. Politischer Pragmatismus und der Wille zur Synthese von Geist und Politik, das sollten die Brücken des Monismus zum internationalen Pazifismus sein, der sich scheinbar zwangsläufig aus der Internationalisierung der Wirtschaft ergab.

Zuvor schon, im April 1919, hatte sich Ossietzky in Hamburg der Freimaurerloge «Zur aufgehenden Sonne» angeschlossen, die dem Deutschen Monistenbund von jeher nahestand.[105] Es war eine um Reformen im Freimaurerbund bemühte Loge, Reformen in den Ritualen und Anschauungen. Während die Altlogen auch nach dem Krieg noch an einem streng nationalistischen Kurs festhielten, gab es in der Reformloge eine Tendenz zu transnationalem Denken, insbesondere gegenüber Frankreich. Solche pazifistischen Anklänge, die weltanschauliche Nähe zum Monismus, auch ihr geistiges Elitebewußtsein dürften die Gründe gewesen sein, die Ossietzky – wie übrigens auch Kurt Tucholsky – zum Eintritt in die Loge bewegt haben. Die Reformloge geriet jedoch schon bald in Konflikt mit den Altlogen und litt unter internen Querelen. Damit wurde sie wohl für Ossietzky uninteressant, jedenfalls ist von weiteren Aktivitäten in Berlin nichts bekannt.

Die Blütezeit der freigeistigen Bewegungen war ohnehin vorbei. In der Kaiserzeit hatten sie mit Elan gegen geistige und moralische Bevormundung durch die Obrigkeitskirche gekämpft und damit viele Anhänger gewonnen. In der Republik wirkten sie überholt und abgehoben, auch wenn sich Teile zur politischen Verantwortung bekannten. Ossietzky beurteilte sie im Rückblick als das, was sie für ihn selbst bedeutet hatten: als Zuflucht für jene, die sich von der christlichen Lehre loslösen wollten, ohne wirklich schon frei von ihr zu sein.[106]

Friedensbewegung und «Nie-wieder-Krieg!»-Aktionen

Im August 1919 wurde Ossietzky durch Vermittlung Hellmut von Gerlachs, des alten Parteigenossen aus der Demokratischen Vereinigung, Sekretär der Deutschen Friedensgesellschaft (DFG) in Berlin. Das Geld für den Umzug lieh er bei einem Freund. Er zog mit Maud [107] in ein billiges, feuchtes Hinterzimmer in der Leibnizstraße. Beide litten buchstäblich Hunger, weil das schmale Gehalt hinten und vorne nicht ausreichte.

Im Herbst des Jahres nahm sich die Frauenrechtlerin Helene Stöcker der hochschwangeren Maud von Ossietzky an und brachte sie in einem Heim für alleinstehende Mütter unter. Am 21. Dezember 1919 wurde das erste und einzige Kind der Ossietzkys geboren: Rosalinda. Fünf Monate mußte das Baby im Krankenhaus bleiben, weil die Eltern keine menschenwürdige Wohnung fanden. Schließlich zogen sie in die Genthiner Straße 22, wo auch Hellmut von Gerlach lebte. Daß Ossietzky aus kleinen, ärmlichen Verhältnissen stammte, war wohl nicht zu übersehen. «[...] er kam im Bratenrock und machte schrecklich steife Verbeugungen», so beschrieb später der scharfzüngige Publizist Kurt Hiller einen Besuch Ossietzkys.[108]

Im November 1919 erschien Ossietzkys erster Artikel in der radikaldemokratischen «Berliner Volks-Zeitung» (BVZ) des Mosse-Konzerns, der der Deutschen Demokratischen Partei nahestand. Das war der Beginn einer regelmäßigen Mitarbeit, von deren Erlös die kleine Familie in der Reichshauptstadt existieren konnte.

In der DFG [109] dominierte damals noch die Gruppe der bürgerlichen Pazifisten um Ludwig Quidde und Hellmut von Gerlach, das seine Wurzeln in der Kaiserzeit hatte, als es noch keinerlei Möglichkeiten der innenpolitischen Mitwirkung gab. Es bekämpfte die Kriegsgefahr nicht so sehr im eigenen Lande, sondern suchte den Frieden über das Völkerrecht zu sichern.

Die Kriegsschuldfrage war in den ersten Nachkriegsjahren ein zentrales Thema der Deutschen Friedensgesellschaft. Die programmgebende Kasseler Generalversammlung, bei der Ossietzky als Sekretär bereits offiziell Protokoll [110] führte, brachte keine Klarheit – nur die verschwommene Erklärung, daß in der Beurteilung des Schuldmaßes «die Ansich-

Maud von Ossietzky mit Tochter Rosalinda, 1921

ten des deutschen wie des internationalen Pazifismus auseinandergehen». Diese Ausweichmanöver wurden vor allem von Quidde verfochten, der wie Gerlach Mitglied der Deutschen Demokratischen Partei war und deren außenpolitischem Konzept wohl nicht in den Rücken fallen wollte. Er forderte im Gleichklang mit der deutschen Außenpolitik: Das Programm der deutschen Pazifisten müsse in die Forderung nach einer Revision des Versailler Vertrages münden.

Sein Antrag stieß auf den Widerstand der Generalversammlung. Angenommen wurde eine Resolution Ossietzkys, die dessen Differenz zu Quidde ausweist. Darin wird die Forderung nach Aufhebung allzu harter Bestimmungen des Versailler Vertrages mit der Selbstverpflichtung verknüpft, *über das Wesen des Völkerbundes aufzuklären und dafür zu kämpfen, daß die alte Politik der Hinterhältigkeit durch eine solche der Aufrichtigkeit ersetzt werde.* Deutschland solle seinen unbedingten Willen zum Frieden zeigen.[111] Dieser Gedanke zieht sich durch Ossietzkys weitere Schriften: Friedfertigkeit allein kann bewirken, daß Deutschland sein Ansehen in der Welt wiedergewinnt, daß der Teufelskreis von deutschem Revanchismus und Gewaltfrieden durchbrochen wird. Voraussetzung dafür war das Bekenntnis zu Schuld und Niederlage – und ein Ende des Verdrängens, das Dolchstoßlegende und Revanchegedanken erst möglich machte.

Solche Gedanken zielten in den Kern der deutschen Politik, in die sich die DFG Quiddes unter Berufung auf ihre Überparteilichkeit nicht einmischen wollte. Ossietzky gehörte neben Kurt Hiller, Helene Stöcker, Armin T. Wegner und anderen prominenten Publizisten der Weimarer Republik zur linken Opposition der Pazifisten. Sie wollte den Wehrzwang und jedwede Bewaffnung abschaffen – eine radikale Ächtung des Krieges durchsetzen; sie richtete sich also gegen die beiden liberalen «Machthaber» in der Friedensgesellschaft, gegen Hellmut von Gerlach und Ludwig Quidde. Zwischen letzterem und Ossietzky gab es Reibereien, weiß Grossmann zu berichten: Der Präsident habe dem Sekretär zuwenig Freiraum gelassen und ihm nicht erlaubt, das Mitteilungsorgan der DFG journalistisch zu gestalten, ihm also ein politisches Gesicht zu geben, weil er um den Zusammenhalt seiner heterogenen Organisation fürchtete.[112] Im Juli 1920 schied Ossietzky aus der Geschäftsstelle der DFG aus, redigierte die «Mitteilungen» aber noch ein paar Monate weiter.[113]

Ob er den Posten wirklich Quiddes wegen aufgab, ob ihm die trockene Bürotätigkeit gegen den Strich ging oder das Gehalt zu niedrig war, muß ungeklärt bleiben. Vielleicht hatte er die Arbeit für die DFG auch schlicht als Sprungbrett in den Hauptstadtjournalismus genutzt. Nach Hiller soll es auf einer Generalversammlung der Friedensgesellschaft in Braunschweig zu einer Auseinandersetzung gekommen sein. Die linke Opposition hatte eine programmatische Entschließung gegen Gerlach und Quidde eingebracht, die Ossietzky mit einem persönlichen Mißtrauensvotum gegen die Präsidenten verknüpfen wollte. Als er sich mit diesem Vorschlag nicht durchsetzen konnte, habe er sich aus der DFG zurückgezogen.[114]

Grund für den Rückzug war wohl eher die politische Abstinenz der Friedensgesellschaft, die Ossietzky Jahre später anläßlich eines Pazifistenkongresses scharf attackierte: *Der deutsche Pazifismus war immer illusionär, verschwärmt, gesinnungsbesessen, argwöhnisch gegenüber den Mitteln der Politik, argwöhnisch gegen die Führer, die sich dieser Mittel bedienten. Er war Weltanschauung, Religion, Dogmatik, ohne daß sich etwas davon jemals in Energie umgesetzt hätte. [...] Das Volk blieb immer beiseite.*[115]

Zum Zeitpunkt dieser Feststellungen begannen innere Richtungskämpfe die Friedensorganisation zu zerreißen: Der kämpferisch-pazifistische Westdeutsche Landesverband um Fritz Küster und seine Zeitschrift «Das Andere Deutschland» war zur mitgliederstärksten Gruppierung herangewachsen und konnte auf eine gewisse Massenbasis verweisen. Sein Ziel war eine Verknüpfung der Friedens- mit der Arbeiterbewegung. Fritz Küster drängte an die Macht im DFG-Vorstand und stieß dabei auf die erbitterte Gegnerschaft Kurt Hillers, der Führer der «Gruppe revolutionärer Pazifisten» war. Gemeinsam attackierten die Kontrahenten jedoch die gemäßigten Pazifisten um Quidde und Gerlach, die bislang die Politik der Organisation bestimmt hatten. *Herr Hiller schwingt den tintentriefenden Tomahawk; er ruft zum heiligen Krieg gegen die Zweifler an seiner Autorität,* kommentierte Ossietzky. *Er sagt Menschheit und meint Stuhlbein.*[116] – Diese bissige Bemerkung hat Hiller womöglich nie verziehen. Er bezeugt selbst in seinen Erinnerungen, daß er mit Ossietzky «spinnefeind» war, als jener 1927 die Leitung der «Weltbühne» übernahm.[117]

Unselig sind die Friedfertigen – mit diesen Worten kommentierte Ossietzky 1929 den Zerfall der DFG.[118] Fritz Küster hat die Mehrheit der Mitglieder hinter sich versammeln können und die revolutionären wie die gemäßigten Pazifisten aus dem Präsidium der DFG verdrängt: Helene Stöcker, Ludwig Quidde, Kurt Hiller und andere. *Man hat den Rock so gründlich gereinigt, daß beide Ärmel dabei abgegangen sind,* urteilte Ossietzky über die Kämpfe in der Friedensgesellschaft.[119]

Hiller rächte sich, indem er – ohne rechtskräftige Beweise – behauptete, die Friedensgesellschaft unter Küster würde ausländische Gelder annehmen. Er wurde daraufhin kurzerhand ausgeschlossen. Ossietzky gab ihm in der «Weltbühne» Gelegenheit zu einer öffentlichen Stellungnahme[120], die auf bissige persönliche Angriffe gegen Küster hinauslief und den Vorwurf erneuerte, daß die DFG sich ans Ausland verkaufe. Ossietzky distanzierte sich in einem Nachwort zwar von Hillers Attacke, aber er konstatierte auch: die Friedensgesellschaft habe mit Hiller einen ihrer besten Köpfe verloren.[121]

Kurz vor seinem Haftantritt 1932 warf Ossietzky in seinem Artikel *Rechenschaft* einen kurzen Blick zurück auf längst vergangene Zeiten, die im «Weltbühne»-Prozeß plötzlich wieder aktuell geworden waren: *Ein Moment fesselte auf das lebhafteste: daß ich unmittelbar nach dem Krieg etwa ein Jahr lang Sekretär einer pazifistischen Gesellschaft gewesen bin. Daraus wurde eine dauernde «antimilitaristische Einstellung» gefolgert. Ich hätte zur Vervollständigung meiner Biographie hinzufügen können, daß der organisierte Pazifismus in meiner innern und äußern Existenz nicht mehr als eine knappe Episode bedeutete. Daß ich mit den meisten von seinen Führern seitdem verzankt bin, daß ich ihre Politik für verkehrt und selbstzerstörerisch halte.*[122]

Ludwig Quidde

Doch kehren wir zurück zur Chronologie, in die Zeit 1919/20. Plötzlich sei Ossietzky damals «als Leitartikler in Nuschkes' Berliner Volkszeitung» aufgetaucht, berichtet Kurt Hiller, «also nicht nur nicht links von uns, sondern sehr rechts von uns und absolut in der politischen Gegend Quiddes».[123] Tatsächlich ist zu konstatieren, daß Karl Vetter von der «Berliner-Volks-Zeitung» schon bald nach Kriegsende begonnen hatte, prominente Pazifisten um sich zu sammeln, die politisch etwas bewegen wollten: Georg Friedrich Nicolai, Emil J. Gumbel und andere. Auch Ossietzky war dabei. Gemeinsam gründeten sie den «Friedensbund der Kriegsteilnehmer», der alljährlich zum Tag des Kriegsausbruchs, Anfang August, Massenkundgebungen unter der Parole «Nie wieder Krieg!» organisierte. Er hatte sich vor allem den Kampf gegen jede Art von Kriegsverherrlichung und gegen den Revanchegedanken auf die Fahne geschrieben.[124] Von seinen Anhängern forderte er die strikte Verweigerung des Wehrdienstes, aber auch jedweder Tätigkeit für die Rüstung. Und er sprach sich radikal gegen die Existenz eines stehenden Heeres – welcher Form auch immer – in Deutschland aus.

Der Friedensbund wandte sich außerdem gegen die Verbreitung revanchistischer Gedanken in den Schulen; er forderte eine Auswahl der Lehrer nach ethischen Gesichtspunkten und die Säuberung des Lehrstoffes von jeder Art der Kriegsverherrlichung. Der Unterricht sollte frei von politischen Einflüssen sein, aber die Kinder grundsätzlich zur Mitarbeit an der Republik und am Frieden erziehen.

Kundgebung «Nie wieder Krieg!» im Berliner Lustgarten, 1921. Maud von Ossietzky stehend (mit hellem Hut), vor ihr Albert Einsteins Frau Elsa

Am 1. August 1920 strömten in Berlin etwa 50 000 Menschen unter der Losung «Nie wieder Krieg!» zusammen; dabei waren Kriegsopferverbände und die SPD-Jugend.[125] Nach Grossmann [126] sah man Ossietzky in jener Zeit selbstgeschriebene Flugblätter verteilen. Zeitweilig redigierte er die kleine Zeitschrift «Nie wieder Krieg!», das Organ des Bundes. 1921 waren zum Tag des Kriegsausbruchs schon mehr als 100 000 Teilnehmer im Berliner Lustgarten versammelt. 26 Verbände hatten aufgerufen, darunter die Gewerkschaften und die SPD. Elsa Einstein und Maud von Ossietzky halfen mit, «Nie wieder Krieg!» unter die Massen zu bringen.[127]

Drei Jahre Engagement für diese Bewegung hätten bewiesen, so Ossietzky 1923 in der «Friedenswarte», daß weite Kreise der Bevölkerung, auch der organisierten Arbeiterschaft, gegen den Krieg zu gewinnen waren: *Wenn auch nicht organisatorisch, so doch für die Idee. Kein nationales Banner, kein Sowjetstern kann verhindern, daß die Sehnsucht nach Frieden in den Massen spontan durchbricht, wenn durchaus undoktrinär und überparteilich ein ganz schlichter, unmißverständlicher Satz an die tiefsten menschlichen Wünsche rührt.*[128] Aber bereits im Sommer 1922 zeichnete sich der Niedergang der Friedensaktion ab, nachdem SPD und Gewerkschaften sich zurückgezogen hatten. Es kamen nur noch einige Zehntausend zu den Versammlungen.[129]

Im März 1923 sprach Ossietzky auf einer Kundgebung des Friedensbundes gegen die Ruhrbesetzung, und wieder richtete er seine warnenden Worte vor allem gegen den Revanchismus im eigenen Hause, der das deutsch-französische Dilemma nur anheize. Er plädierte für passiven Widerstand, aber auch gegen eine Sabotage der Reparationen für die von der deutschen Armee zerstörten französischen Gebiete. Und er beschwor – ganz auf dem programmatischen Boden der Deutschen Friedensgesellschaft – ein internationales Recht zur friedlichen Lösung der Konflikte zwischen den Nationen. Dabei gingen seine Vorstellungen über die nationalen Grenzen hinaus: *Unser Ziel ist die freiheitliche Republik Europa.*[130]

1924 veranstaltete die Reichsregierung parallel zu den «Nie-wieder-Krieg!»-Kundgebungen eine Gedenkfeier für die Opfer des Krieges; die Gewerkschaften orientierten die Arbeiterschaft auf eine eigene Kundgebung am 1. September. Zu den «Nie-wieder-Krieg!»-Versammlungen in Berlin kamen nach einem Bericht der «Vossischen Zeitung» nur noch etwa tausend Teilnehmer. Ossietzky hielt wie Tucholsky, Heinrich Ströbel, Stefan Großmann und andere prominente Demokraten eine Ansprache. Er forderte die Anwesenden dazu auf, fortan das sozialdemokratische Reichsbanner Schwarz-Rot-Gold der SPD zu unterstützen.[131] Das war wenige Monate nachdem sein Versuch gescheitert war, aktiv in die politische Entwicklung einzugreifen – als Reichstagskandidat einer neuen republikanischen Partei.

Plakat von Käthe Kollwitz

Die Parteien und die Republik

In den frühen Jahren der Republik ergriff Ossietzky vielfältige Initiativen, um die demokratische Verfassung zum Leben zu erwecken und ihr eine Massenbasis zu verschaffen. Von ihnen weiß man wenig. Sie passen nicht so recht in das immer noch gängige Bild von Ossietzky als «Neinsager», der für die Weimarer Republik nur Kritik übrig hatte. Vorgezeichnet wurde es in der ehemaligen DDR, die ihn als Kronzeugen gegen ein Gesellschaftssystem vereinnahmte, das sie undifferenziert für die Etablierung der nationalsozialistischen Herrschaft sowie für neofaschistische Tendenzen nach 1945 verantwortlich machte. Ossietzky wurde zur Symbolfigur eines staatlich verordneten Antifaschismus, der die Rechtfertigungsideologie der SED-Diktatur war. Nachdem Maud von Ossietzky die «Weltbühne» 1946 in Ostberlin «neu herausgegeben» und dem Aufbau-Verlag 1966 die Rechte für sämtliche Schriften ihres Mannes übertragen hatte, war sein Werk für eine solche systemgerechte Deutung verfügbar.

Auch die durchaus verdienstvolle Textauswahl sowie die Biographie, die der Österreicher und ehemalige «Weltbühne»-Autor Bruno Frei in den sechziger Jahren beim Aufbau-Verlag 1966 veröffentlichte, betonen unverhältnismäßig den enttäuschten Kritiker Ossietzky, konstruieren seine angeblich kontinuierliche Annäherung an kommunistische Positionen und spielen sein aktives Engagement für ein demokratisches Deutschland herunter. Entsprechend selektiv wurden Ossietzkys Schriften wahrgenommen.[132] Es gab übrigens westdeutsche Publizisten und Politiker, die diesen eindimensionalen Blick der DDR in der Konsequenz übernahmen, wenn sie behaupteten, Ossietzky habe mit seiner «destruktiven» Kritik zum Untergang der ersten deutschen Republik beigetragen.

Er selbst wandte sich nach dem «Weltbühne»-Prozeß von 1931 geradezu verletzt dagegen, daß die Reichsrichter sein patriotisch-republikanisches Engagement totschwiegen und das einseitige Bild eines vaterlandslosen Pazifisten entstehen ließen. Tatsächlich gehörte Ossietzky zu den Initiatoren einer republikanischen Bewegung, die Anfang der zwanziger Jahre um die Verwirklichung der Weimarer Verfassung kämpfte.

Wieder und wieder finden sich Spuren Ossietzkys, wenn es um konstruktive «Taten», um realpolitische Maßnahmen für die junge Demokratie ging: etwa sein Name unter dem Gründungsaufruf des «Republikanischen Reichsbundes», der eine Sammlung demokratischer Parteien und Persönlichkeiten gegen den Aufmarsch der Reaktion mobilisieren und den republikanischen Gedanken in die Verwaltungsapparate hineintragen wollte.[133] Der Bund setzte vor allem auf Persönlichkeiten, auf «Leitfiguren». Er konnte wichtige Sozialdemokraten wie Paul Löbe und den «Vorwärts»-Chefredakteur Friedrich Stampfer zu seinen Mitgliedern zählen. Die Bedeutung des Bundes sank, nachdem die SPD 1924 das «Reichsbanner Schwarz-Rot-Gold» als eigene republikanische Massenorganisation gegründet hatte.[134]

Seit 1920 war Ossietzky Mitglied des «Bundes Neues Vaterland», der 1922 zur deutschen Sektion der «Internationalen Liga für Menschenrechte» wurde. Er unterzeichnete 1922 einen Aufruf der Organisation zur deutsch-französischen Verständigung auf Grundlage der Solidarität der arbeitenden Völker beider Länder, zur Selbstentwaffnung Deutschlands und zur Wiedergutmachung der Kriegsschäden.[135] Die politischen Sofortziele der Liga für Menschenrechte waren: ein dauerhafter Frieden mit Frankreich, Deutschlands Eintritt in den Völkerbund und eine Amnestie für politische Gefangene in Deutschland. Zu ihren langfristigen Aufgaben zählte sie die Pflege aller geistigen und sittlichen Entwicklungsmöglichkeiten des einzelnen unter gleichzeitiger Betonung des Gemeinschaftsgedankens, darüber hinaus die «Abschaffung jeder Gewalt- und Klassenherrschaft, Kampf für Menschenrechte und soziale Gerechtigkeit»[136]. Das waren lauter Vorstellungen, die bereits in der «Demokratischen Vereinigung» eine Rolle gespielt hatten. Deren einstiger Führer Hellmut von Gerlach war nun aktives Vorstandsmitglied der Liga. Heinrich Ströbel (einer der theoretischen Köpfe des demokratischen Flügels der USPD und dann der SPD-Linken) gehörte dazu, ebenso der prominente Monist und Soziologe Rudolf Goldscheid, Carl Rieß sowie prominente Pazifisten wie Freiherr von Schönaich und Helene Stöcker. Die Liga war eine Art außerparlamentarischer Opposition, eine Sammlungsbewegung prinzipienfester Demokraten verschiedener politischer Richtungen.

Die Bildung der demokratisch-sozialistischen Regierung unter Reichskanzler Joseph Wirth im Mai 1921 brachte der Republik eine Atempause und Ossietzky einen neuen Hoffnungs- und Energieschub. Wirth war für ihn eine der wenigen demokratischen Persönlichkeiten in der deutschen Politik. Dessen Rede zur Verfassungsfeier im August 1921 widmete Ossietzky in der BVZ eine regelrechte Hymne und hob dabei besonders Wirths Herz für die organisierte Arbeiterschaft und ihre Bedeutung beim Aufbau des neuen Deutschland hervor.[137] Während des kurzen demokratisch-sozialistischen Interregnums unterzeichnete Ossietzky zwei Initiativen der Liga für Menschenrechte mit detaillierten

Vorschlägen zur «Republikanisierung» der Reichswehr und des Justizapparates.[138] Sie wiesen realpolitisch gangbare Wege zur Verwirklichung der Verfassung. Alle Führungspositionen in Justiz und Armee sollten mit überzeugten Republikanern besetzt und antirepublikanische Aktivitäten von Reichswehrangehörigen mit sofortiger Dienstentlassung bestraft werden. Eine Reform der Reichswehr, hieß es zum Abschluß, könne die Autorität der Republik im In- und Ausland festigen. «Möge das Werk gelingen, bevor es zu spät ist.»[139]

Diese Forderungen waren mitunterzeichnet von dem Arbeitsausschuß der «Liga Junge Republik», dem Ossietzky angehörte. Sie war von dem Kreis um Karl Vetter und die BVZ initiiert; sie verstand sich als überparteiliche Sammlung junger Republikaner. Damit machte sie dem «Republikanischen Reichsbund» Konkurrenz, den sie für gescheitert erklärte, wohl weil er zu sehr von etablierten Parteiführern bestimmt wurde. Sie wandte sich gegen die politische Vorherrschaft der antiquierten bürokratischen Parteiapparate, die sich in Koalitionsrangeleien und Machtkämpfen erschöpften – und dabei immer mehr republikanischen Boden an die Reaktion verloren. Und sie wollte die republikanische Idee bis in die Provinz verbreiten, der revanchistisch-reaktionären Propaganda eine demokratische Alternative entgegensetzen.

Ende Januar 1922 hielt Ossietzky neben Tucholsky ein Referat auf einem der politischen Abende der Liga. Es ging um die Entwicklung neuer wirksamer Wege für eine republikanische Propaganda.[140] Der Frage der republikanischen Aufklärung wandte sich Ossietzky im selben Monat in seinem Artikel *Staatliche Propaganda. Die Republik und ihre Gegner* zu. Das war ein Plädoyer an die regierenden demokratischen Parteien SPD, Zentrum und DDP, den Kampf um die Herzen und Köpfe der Menschen für die Republik anzutreten.

Ein Jahr später stellte er desillusioniert fest, daß die demokratische Koalition an ihren internen Kämpfen und an ihrer Entschlußlosigkeit zugrunde ging. Am 14. November demissionierte Wirth, nachdem sein Versuch gescheitert war, eine große Koalition der bisherigen Regierungsparteien unter Einschluß der DVP zu bilden. Den Ausschlag hatte scheinbar die SPD gegeben, die eine Zusammenarbeit mit der vom Großkapital lancierten «Stinnes-Partei» verweigerte, nachdem sozialpolitische Verhandlungen mit ihr gescheitert waren. Ossietzky vermutete dahinter einen Kuhhandel der bürgerlichen Parteien, an dem der Kanzler nicht unschuldig war: *Es war ja eben Wirths Unglück, daß er sich nicht zufrieden gab, mit drei Parteien zu regieren, er wollte eine vierte hinzugewinnen. Das Unglück wollte, daß diese die Partei des Herrn Stinnes war, die durchaus nichts Ausschlaggebendes einzuwenden hatte gegen eine Zusammenarbeit mit der Sozialdemokratie, die aber um alles in der Welt diesen Kanzler beseitigen wollte, der ein ehrlicher Demokrat und aufrechter Republikaner und überzeugter Pazifist war.*[141]

Verlautbarungen der Liga Junge Republik, für die Ossietzky fortan häufig als Redner auftrat, zeugen von einer ausgesprochenen Parteiverdrossenheit. Sie richteten sich gegen die alte Generation der «Parteibonzokratie» und ihre Privilegien (auch und vor allem in der SPD), die den jungen aufstrebenden Kräften nicht genügend Wirkungsmöglichkeiten einräumten.[142] In diesem Sinne forderte Ossietzky: *Platz der Jugend!*, und er forderte das wohl auch für sich selbst und seine «Generation der Dreißigjährigen», die nach dem Krieg mit soviel Elan für die Republik eingetreten waren – und keine realpolitischen Wirkungsräume erhalten hatten, während die Reaktion sich überall in der Staatsbürokratie, in der Justiz und in der Reichswehr breitmachen durfte.[143]

Um 1923

Ossietzkys Aktivismus wurzelte in seinem Demokratieverständnis: Demokratie war für ihn nicht primär eine politische Organisationsform oder ein politisches Instrument, das man beliebig handhaben konnte, sondern eine Denkweise, gleichsam der *geistige Grund eines ganzen Volkes, […] die Heimaterde aller modernen Politik.*[144] Sie setze den Willen zur Gemeinschaft voraus: die Solidarität als eine Art stiller, ziviler Patriotismus im Gegensatz zum lautstarken, militaristischen. Ossietzky begriff das Volk als politisch-kulturelle Schicksalsgemeinschaft, deren einzelne Glieder wie in einer Kette miteinander verbunden und voneinander abhängig waren – also füreinander da sein mußten. In diesem Spannungsfeld zwischen der unverletzlichen Autonomie des einzelnen und seiner bewußten, der demokratischen Aufklärung erwachsenen Entscheidung für die Gemeinschaft realisiert sich für ihn die politische Beteiligung der Bürger. Diese sei allemal Voraussetzung lebendiger Demokratie: *Nur ein Gebot kennt die Demokratie: aktiv sein! Seid tätig, und was heute noch utopisch erscheint, kann morgen Wirklichkeit werden.*[145] Das bedeutete, die Untertanen aus der Kaiserzeit und die Soldaten des Militärstaates wachzurütteln. Denn der demokratische Volksstaat braucht Mitdenkende und Handelnde.

Die jungen Republikaner wollten sich indes nicht mehr damit begnügen, demokratische Aufklärungsarbeit zu leisten und überparteiliche geistige Sammlungsbewegung zu sein – sie wollten selbst Partei werden. Neue Männer brauche die Republik, schrieb Ossietzky im Oktober 1923: Junge, nicht kompromittierte Männer, Führer mit Charisma, die kraft des *Zaubers* ihrer Persönlichkeit die von der Republik enttäuschten Massen an sich binden könnten. Über solche Zauberkraft verfügte in seinen Augen nur noch die Jugend: *Was jetzt vor unseren Augen abwirtschaftet, das ist nicht ein System, auch nicht ein politisches Programm, sondern eine Generation.*[146]

Im Januar 1924 gründeten die jungen Republikaner die «Republikanische Partei Deutschlands» (RPD)[147], und Ossietzky wurde einer ihrer Kandidaten für die bevorstehenden Reichstagswahlen im Wahlkreis Potsdam II.[148] Die RPD wollte vor allem junge Menschen für die Politik, für den Aufbau der Republik gewinnen, und sie verneinte jeglichen Kompromiß mit den Gegnern der Republik. Allerdings glaubte sie auch, diesen nicht das Feld des Nationalen überlassen zu dürfen, sprach von «nationaler Solidarität», versuchte Arbeiter wie Bürger auf den Gebieten des Sozialen wie des Nationalen anzusprechen.

Im Februar 1924 erschien der Gründungsaufruf der Partei[149], der ebenso Elemente des Sozialliberalismus Friedrich Naumanns enthielt wie sozialdemokratische Vorstellungen. In vielen Punkten glich er dem Programm der Liga für Menschenrechte: Konzentration der demokratischen Kräfte gegen die Diktatur der großen Industrie, Kontrolle der Wirtschaft durch den Staat, Schutz der Armen und Schwachen, Verwirklichung der sozialpolitischen Pflichten der Weimarer Verfassung, Reform des Parlamentarismus, seine Befreiung von der Übermacht der Parteibürokratien, Republikanisierung des Staatsapparates und der Justiz, Demokratisierung der Reichswehr und ihre Umwandlung in eine «Volksmiliz».

Der letztgenannte Programmpunkt rief Kurt Hiller auf den Plan, der mit seiner «Gruppe Revolutionärer Pazifisten» für die generelle Abschaffung jedweden Militärs eintrat. Die Forderung der RPD nach «einer Vereinigung aller Brüder deutscher Zunge», mit der sie womöglich junge Patrioten von rechts abwerben wollte, war für ihn «kraß nationalistisch, konträr den Lehren, die Ossietzky in der Friedensbewegung verkündet hatte».[150] In einer Wahlversammlung gerieten die beiden anein-

Der Vorstand der Republikanischen Partei Deutschlands am 4. April 1924. Ossietzky in der vorderen Reihe, dritter von links

ander. Dabei soll Ossietzky nicht argumentiert, sondern Hiller auf persönlicher Ebene diffamiert und zum Gespött der Leute gemacht haben. Jahre später kam es, so Hiller, zu einem Aussöhnungsgespräch, in dem Ossietzky eingestanden haben soll, daß er sich seinerzeit im Unrecht befand.

In einer Wahlkampfrede am 31. März 1924 stellte sich Ossietzky in dieser Frage aber noch offensiv auf die Seite seiner Partei: *Die Vereinigung mit Österreich muß kommen, und sie wird kommen. Die Farben Schwarz-Rot-Gold sind die Farben Großdeutschlands. [...] Wir halten es auf der anderen Seite nicht für nationalistisch und militaristisch, wenn das große deutsche Volk eigene Staatlichkeit für sich in Anspruch nimmt, das kleinen Völkern, wie den Esten und Letten, zugebilligt wurde.*[151]

Als Parteipolitiker offenbarte Ossietzky eine ausgesprochen angriffslustige Ader gegenüber der politischen Konkurrenz, wünschte die *schwammigen, verfetteten und frühzeitig verfallenen Parteileiber* ins Fegefeuer[152] und nannte den einstigen Parteigenossen Breitscheid einen *Edelbonzen*, der nach der «Demokratischen Vereinigung» nun die SPD ruiniere, sie – mit dem täuschenden Nimbus des Hoffnungsträgers – auf einen falschen Weg führe. *Er ist weder der Mann der Tat noch der Mann des Gedankens; er ist überhaupt kein Mann, er ist ein meter achtzig auf*

Seidenfutter gearbeitet. In solchen Zeilen schwingt wohl auch Enttäuschung darüber mit, daß einer der seltenen Politiker mit Charisma und Führerqualitäten es nicht fertigbrachte, die Massen für die Republik zu entflammen.[153] Die Polemik gegen Breitscheid war zugleich eine Reaktion darauf, daß Ossietzkys politischer Ziehvater Hellmut von Gerlach sich unvermutet gegen die RPD und für den alten Parteifreund Rudolf Breitscheid engagiert hatte. Gerlach befürchtete, wie manch anderer aus dem demokratischen Lager, daß neue Parteien die Kräfte nur zersplittern würden. Er plädierte dafür, die großen republikanischen Parteien von innen zu beflügeln.[154]

Mit Hellmut von Gerlach und Kurt Hiller hatte die RPD die Führer der bürgerlichen und der revolutionären Pazifisten gegen sich. Auch bedeutende demokratische Blätter attackierten mehr oder weniger heftig die junge Partei, warfen ihr vor, die Linkskräfte zu verzetteln und so der Reaktion Vorschub zu leisten. Siegfried Jacobsohns ziegelrote «Weltbühne», in der damals fast alle demokratischen und linken Publizisten von Rang und Namen schrieben oder zumindest gern schreiben wollten, brachte unter der Rubrik «Antworten» das vernichtende Urteil eines «jungen Demokraten»: «Was ich von der ‹Republikanischen Partei› halte? Daß sie schlimmer als überflüssig: daß sie schädlich ist. [...] bei der geringen Werbekraft des republikanisch-demokratischen Gedankens in Deutschland sollte man die spärlichen Kräfte zusammenfassen, statt sie in hie republikanische, hie demokratische zu zersplittern.»[155] Ossietzky hielt in seinem Artikel *Wir und die alten Parteien* dagegen, daß Politik keine Sache arithmetischer Spitzfindigkeiten sei: *Die Links- und Mittelparteien hatten im vergangenen Reichstag die Mehrheit, und sie haben die Republik so ziemlich verspielt* – aus *Mangel an Bekenntnistreue.*[156] Theodor Wolff, der Chefredakteur des renommierten DDP-nahen «Berliner Tageblatts» und einer der mächtigsten Männer im liberalen Mosse-Konzern, trat massiv gegen die RPD auf und verlangte von den Abweichlern bei der «Berliner Volkszeitung», daß sie Wahlkampf für die etablierte Demokratenpartei machten oder wenigstens nichts gegen sie unternahmen.

Daran erinnerte Ossietzky, als Wolff selbst nach einer vernichtenden Wahlniederlage der DDP im Mai 1928 öffentlich über die Notwendigkeit einer großen, modernen Partei als Sammelbecken für übriggebliebene Republikaner nachdachte. 1924, so Ossietzky, sei noch ein demokratisches Potential in Deutschland vorhanden gewesen; das habe sich derweil aus Mangel an überzeugenden republikanischen Parteien und Politikern atomisiert, in alle Winde zerstreut – und sei doch nicht wirkungslos: *In den Kämpfen dieser Epoche, wo die Parteien so schön satt und kugelrund dasitzen, ist ein Stamm von Nomaden notwendig, von Unseßhaften und Beweglichen – Eilboten der Idee. Sie sind friedlos und nirgends gern gesehen, sie streifen suchend durch die Nacht. Der Schein ihrer*

Feuer zeigt an, daß nicht alles schläft.[157]

1924 dachte Ossietzky noch nicht daran, sich auf eine nomadische Außenseiterposition zu beschränken. Er wollte in die reale Politik, in den Reichstag. Und er kehrte den Vorwurf, die RPD würde das demokratische Lager spalten, gegen jene, die ihn erhoben. Denn sie verzettelten, so argumentierte er, das republikanische Potential in jenen großen Parteien, die eine lebendige Demokratie verhinderten. In einer Wahlkampfrede nahm Ossietzky Stellung zu dem Argument, der RPD sei ebensolche Erfolglosigkeit beschieden wie einst der kleinen «Demokratischen Vereinigung». Damals, so hielt er dagegen, sei die SPD noch eine wirkliche sozialistische Kampfpartei gegen die Reaktion gewesen – aber nun: *ein kläglich verlassenes Wrack, dessen Mannschaft in großen Massen zu den extremen Flügelparteien abströmt.* Die RPD sollte vor allem diese enttäuschten Anhänger der Sozialdemokratie auffangen und neu versammeln. Entsprechend hob Ossietzky in seiner Rede den kapitalismuskritischen Aspekt des Parteiprogramms hervor: Die Forderung nach der *Suprematie* des demokratischen Staates über die Wirtschaft als Voraussetzung stabiler sozialer Verhältnisse.[158] Doch mit solchen abstrakten Forderungen war in der aufgeheizten Stimmung nach Inflationszeit und Ruhrbesetzung wohl keine Wahl zu gewinnen. Die RPD erhielt bei den Reichstagswahlen im Mai 1924 keine 50 000 Stimmen und ging unbeachtet unter.[159]

Wahlplakat, 1924

Ossietzky und Vetter hatten bereits im März 1924 aus der Redaktion der BVZ weichen müssen. Ihre Ansichten waren unvereinbar mit denen des DDP-Mitglieds Theodor Wolff geworden. «Ich habs immer prophezeit, daß dem Wolff die Lammsgeduld einmal ausgeht», kommentierte der Schriftsteller Walter Mehring auf einer Postkarte an Ossietzky.[160] Der erinnerte vier Jahre später nicht ohne Bitterkeit an die mangelnde Liberalität der Liberalen, die der RPD keinen Raum in der deutschen Politik gegönnt hatten. In der BVZ vom 17. März 1924 aber ist zu lesen, man habe sich in «gütlichem Einvernehmen» getrennt.[161]

Es gibt keine Republik in Deutschland, räsonierte Ossietzky im September 1924. *Man spricht häufig von der Republik ohne Republikaner. Es liegt leider umgekehrt: die Republikaner sind ohne Republik. Es gibt keine Republik, weil es keine Linke gibt. Weil das große Moorgelände der «Mitte» alles aufsaugt. Weil man viel lieber «ausbalanciert» als kämpft.*[162]

Politischer Journalist und Redakteur

Seit April 1924 schrieb Ossietzky für die linksliberale Wochenschrift «Das Tage-Buch». Ihr Gründer und Herausgeber Stefan Großmann hatte sich übrigens ganz unverblümt für die «Junge Republikanische Partei» ausgesprochen und bei der Gelegenheit kräftig gegen das vergreiste Parlament einer überlebten Politikerkaste polemisiert, weil sie die jungen Republikaner so engherzig auszugrenzen versuchten.

Das «Tage-Buch» war neben Siegfried Jacobsohns «Weltbühne» das wohl wichtigste Forum der linken und demokratischen Intelligenz der Weimarer Republik. Eben darum herrschte zwischen den Herausgebern beider Blätter ein ausgesprochen konkurrenzhaftes, ja feindseliges Verhältnis. Viele berühmte Autoren mußten sie sich «teilen». Im «Tage-Buch» publizierten so unterschiedliche Persönlichkeiten wie Emil J. Gumbel, Max Brod, Hans Sahl, Alfred Polgar, Ivan Goll, Rudolf Olden oder auch Wilhelm Westphal und Hans Simons, die beiden wohl prominentesten Vertreter der RPD. Leopold Schwarzschild war der zweite Herausgeber der Zeitschrift und zeichnete verantwortlich für den wirtschaftlichen Teil. Ende Mai 1924 löste Ossietzky Großmann im Impressum als verantwortlich «für den übrigen Inhalt» ab. Glossen verfaßte er unter dem Pseudonym Lucius Schierling. Seit dem 7. April wurde er bereits als «verantwortlich für Politik» im «Montag Morgen» geführt, dessen Herausgeber neben Leopold Schwarzschild ebenfalls Stefan Großmann war.

Die Klinge heißt einer der ersten Artikel Ossietzkys für «Das Tage-Buch», eine Laudatio auf Stefan Großmann zum 50. Geburtstag. Die Journale würden immer schlechter, schreibt er da – seit man angefangen habe, sie mit Bildung statt mit Temperament vollzustopfen. In Anlehnung an Shakespeare, der im «Hamlet» von den Schauspielern verlangt, das typisch Menschliche und ihre Zeit zu spiegeln, erklärt Ossietzky: *Der Zeitungsschreiber aber soll weder dozieren noch dreschen, sondern der Zeit den Spiegel vorhalten.*[163] Der Journalist ist für ihn das Kind einer Ehe zwischen dem respektlosen *Thersites* und der wahrheitsliebenden, aber ungehörten *Kassandra.* Das Bild vom Journalisten als Degenfechter, das Ossietzky von Großmann zeichnete, hat er 1932 in *Rechenschaft* auf sich

DAS LUXUSAUTO

SCHUHE Leiser STRÜMPFE

* STEFAN GROSSMANN * …EINT JEDEN SONNABEND

* JAHRGANG V HEFT 27 * HERAUSGEBER

DAS TAGE BUCH

geleitet von
Stefan Großmann und Leopold Schwarzschild

BERLIN, 5. Juli 1924

INHALT:

	Seite
Tagebuch der Zeit	903
* * *: Das deutsch-französische Rohstoffproblem	908
Stefan Großmann: Wilhelm Paulsen	913
Wilhelm Paulsen: Grundsätze für Schularbeit	915
Carl v. Ossietzky: Rudolf Hilferding, der Mann ohne Schatten	922
Bruno Frank: Die Narbe (Schluß)	925
Morry Bundus: Sommerprogramm	930
Tagebuch der Wirtschaft	931
Glossen	934

Einzelverkaufspreis 50 Goldpfennige
Kr. 5000,— Kc. 3,—

* TAGEBUCHVERLAG M·B·H *

selbst bezogen, wenige Tage vor seinem Haftantritt: *Jetzt gebe ich meinen Degen also in der Garderobe ab.*[164]

1925 brach er in *Professoren, Zeitungsschreiber und verkrachte Existenzen* eine Lanze für den eigenen Berufsstand, der von einer deutschen Universität als Zuflucht *zweifelhafter, manchmal verkrachter Existenzen* diffamiert worden war. Er verteidigte wohl auch seinen eigenen autodidaktischen Weg, als er gegen die Akademisierung der Zeitungen schrieb. Schmerzhafte Erinnerungen an seine Schulzeit klingen zwischen den Zeilen an: *Das Examen ist von der Mittelmäßigkeit für die Mittelmäßigkeit geschaffen. Gerade die starke, die überdurchschnittliche Begabung, mit ihren menschlichen Hemmungen, ihren unterirdischen Erschütterungen, ihrer qualvollen Unsicherheit am Selbst, ist diesem kaudinischen Joch nicht gewachsen.* Die Institution Universität selbst lasse nur allzu viele Existenzen verkrachen, fange keinen auf, der den Boden verliere: Gerhart Hauptmann, Heinrich Heine und so viele andere waren Nichtexaminierte, ohne die aber Wissenschaft und Künste nicht zu denken seien. Der Journalistenberuf allein sei auf dem Gebiete des Geistes noch frei von den formalisierten Ansprüchen des Examens: *Die Tüchtigkeit, die Eignung entscheidet.*[165] Gegen eine Unterjochung des Journalismus durch die Wissenschaft hatte er bereits 1922 in dem Artikel *Die Presseprofessur* geschrieben: *Der Zeitungsbetrieb ist heute das einzige, was noch nicht restlos akademisiert worden ist. Wo die Begabung, die schamlos genug ohne Doktorhut herumläuft, noch ein freies Feld hat.*[166]

Im Kern ging es Ossietzky jedoch nicht um die eigene Anerkennung, um das Verarbeiten der für den Nichtakademiker typischen Komplexe. Er attackierte den Alleinanspruch der Wissenschaften auf Wahrheitserkenntnis bei der Deutung von Geschichte und Gegenwart. Der war um so fragwürdiger, als die deutschen Universitäten Brutstätten der Reaktion waren. Professoren predigten gegen die Republik, verbreiteten die Dolchstoßlegende und die Notwendigkeit eines Revanchekrieges gegen den Versailler Vertrag. Im Geiste des Nationalismus aufgeputschte Studenten hatten bereits in den ersten Jahren der Republik begonnen, die wenigen demokratischen Hochschullehrer wie Emil J. Gumbel und Georg Friedrich Nicolai, später auch Theodor Lessing, zu terrorisieren und zu verjagen.[167]

Berthold Jacob überliefert, daß Ossietzky sich beim «Tage-Buch» und beim «Montag Morgen» nicht wohl fühlte. Seine beiden «bosses», wie er selbst die Herausgeber genannt haben soll, ließen ihm nicht genug Bewegungsfreiheit. Dazu kamen politische Differenzen: Stefan Großmann soll, so Jacob, mit Führern der SPD sympathisiert und die nationalistische Gefahr bagatellisiert haben.[168] Schon zu Zeiten der RPD hatte der in intellektuellen Kreisen prominenteste Redakteur Berlins sich für Ossietzky interessiert: der «Weltbühne»-Herausgeber Siegfried Jacobsohn. Dies geht aus seinem Briefwechsel mit Kurt Tucholsky hervor. «Daß es Ossietzky bei den Schmutzschilden nicht gefällt, begreif ich, da er, nach seinen Artikeln zu urteilen, ein sauberer Mensch ist», schrieb er im Sommer 1924 und erteilte den Auftrag, Ossietzky zur «Weltbühne» abzuwerben.[169] Der war nicht abgeneigt, versprach Rückmeldung, wenn ihm «sein Stall unerträglich geworden sei»[170].

Im Januar 1925 sprach Ossietzky zum erstenmal in der «Weltbühne»-Redaktion vor, aber nur, um zu erklären, daß er nicht – wie beabsichtigt – kündigen könne. Stresemann hatte gegen ihn als verantwortlichen Redakteur des «Montag Morgen» Strafantrag gestellt, weil dort ein Artikel erschienen war, der dem Außenminister enge Kontakte zum Stahlhelm vorwarf.[171] Ossietzky wollte den Prozeß durchstehen, bevor er das Blatt wechselte.[172] Im August 1925 wurde das Verfahren eingestellt.[173]

Es dauerte dann aber noch Monate, bis Jacobsohn Tucholsky melden konnte, daß der «Marquis von O.» (wie er Ossietzky – wohl wegen seiner etwas steifen, distanzierten Art – nannte) endlich «nach dem hundertsten Konflikt» gekündigt hatte.[174] Und es dauerte weitere Monate, bis der sich für die «Weltbühne» entschied. «Er ist einer der größten Umstandskommissarien, die mir je begegnet sind», schrieb Jacobsohn im Februar 1926 an Tucholsky [175], und ein paar Wochen später: «Glaubst Du, daß der Marquis von O. einen Vertrag unterschreibt? Mitnichten. An dem ist auch ein Halbdutzend alter Jungfern verloren gegangen.»[176] Am 1. April 1926 endlich kam Ossietzkys Unterschrift, und am 20. April erschien sein erster Leitartikel: *Der plombierte Wagen* – ein Plädoyer für eine verläßliche Westorientierung der deutschen Außenpolitik und gegen geheime diplomatische Techtelmechtel mit der Sowjetunion. Deutschland solle sich klar und eindeutig seinen Platz im Völkerbund verdienen – und auf diesem Wege die Fesseln des Versailler Vertrages lockern.[177]

Manchmal noch streute Jacobsohn eher abfällige Bemerkungen über seinen neuen Redakteur in die Briefe nach Paris ein: «Der Marquis v. O. ist gewiß nicht ‹die beste Akquisition›, die ich ‹je› gemacht habe, aber sicherlich eine der bessern. Leider scheint er menschlich nicht ganz zuverlässig zu sein.»[178] Gewiß blieben solche herablassenden Töne nicht ohne Folgen für Tucholskys Bild von Ossietzky als «Weltbühne»-Redakteur, war doch Jacobsohn die väterliche Autorität für ihn.[179] Tucholsky, der seinen geliebten und bewunderten Vater in jungen Jahren verloren hatte, hing mit kindlicher Gläubigkeit an Jacobsohn, den er den «idealsten deutschen Redakteur» und Vater aller seiner Arbeit nannte, der ihm die «Treibhausluft» seines Schaffens gab.[180] Am 3. Dezember 1926 starb Jacobsohn nach einem Gehirnschlag. Tucholsky hat den Verlust seines Mentors nie überwunden; die Trauer um ihn zieht sich durch sein weiteres Leben.

Bewunderung, ja Zärtlichkeit spricht auch aus Ossietzkys Artikel zum einjährigen Todestag des «Weltbühne»-Gründers. *Es war eine Stimmung unterdrückter Tränen*, erinnerte er sich an jenen Moment, als er mit Freunden und Mitarbeitern in der Redaktion zusammengetroffen war, um die Zukunft der Zeitschrift zu besprechen, *scheu das betastend, was S. J. gehörte, was sein Erarbeitetes, sein Geschaffenes war.*[181] Noch Jahre später, in seinem Artikel *Rechenschaft*, blickt er wehmütig zurück auf den Abschied von Jacobsohn, der für ihn selbst auch der endgültige Abschied vom Schönen der bürgerlichen Kultur war: *Die ‹Weltbühne› war, so wie ich sie von S. J. übernommen habe, ein wunderbar getriebenes Metallgefäß, in dem die schönsten Dinge gesammelt waren, und so funkelte es verführerisch im Abendrot der bürgerlichen Zeit – ein letzter Kämpfer, der in edler Linie focht. Heute ist alles mit Politik und Ökonomie vollgestopft, und aus einem Refugium der Schönheit ist ein Depot aller Sorgen geworden.*[182]

Siegfried Jacobsohn, 1923. Mit einer handschriftlichen Widmung für Kurt Tucholsky

Zunächst aber übernahm Jacobsohns prominentester Mitarbeiter, Kurt Tucholsky, ganz selbstverständlich die Leitung der Zeitschrift, die enge Mitarbeiter liebevoll das «Blättchen» nannten. Er erschien als Herausgeber auf der Titelseite, Ossietzky trug als verantwortlicher Redakteur (doppelsinnig auch «Sitzredakteur» genannt) die juristische Verantwortung. Alles sträubte sich in Tucholsky gegen die Rolle als «Oberschriftleitungsherausgeber», wie er sich selbstironisch in einer Buchwidmung für Lucius Schierling alias Carl von Ossietzky titulierte.[183] Alles wuchs ihm über den Kopf: die ewigen Besucher, die nicht enden wollende Korrespondenz, das Telefonieren und das Redigieren, das ihm nicht lag – weil es ihn am eigenen Schreiben hinderte.

Die Briefe an Mary Gerold-Tucholsky aus den ersten Monaten des Jahres 1927 sind voll des Jammers über die anderen Mitarbeiter, die ihm nichts richtig machten: Walter Mehring nannte er mausig-falsch, Jakob Wassermann egoistisch, Ossietzky schlapp und so weiter. «Geb ichs jetzt aber ab, dann ist es in ein paar Wochen kaputt, daran ist kein Zweifel.»[184]

Rettungslos verstrickt in die Verantwortung gegenüber dem geliebten Verstorbenen und in dem Gefühl, unentbehrlich zu sein, bäumte Tucholsky sich auf gegen seinen Überdruß an aller Routine und gegen die Unlust, an einen Ort gebunden zu sein. Im Mai 1927 gab er endlich auf. Er selbst schlug Jacobsohns Witwe vor, Ossietzky zu seinem Nachfolger zu machen. Und das, obwohl er Mary Gerold-Tucholsky bis dahin eher herablassend-geringschätzige Worte über seinen «Sitzredakteur» geschrieben hatte: «also der Oss hilft ja, aber das Richtige ist es nicht [...].»[185] Der andere hatte seinen eigenen Kopf, sehr zum Ärger Tucholskys, wie Briefe offenbaren. Sie enthalten eine Litanei von Klagen, die immer wieder auf das eine hinausliefen: Der andere entzog sich, machte, was er wollte: «Mit Oss wird es wohl einen Krach setzen – er antwortet nicht einmal, wenn man ihm schreibt.»[186] – «Ich habe den lebhaften Eindruck, zu stören. Er mag mich nicht u. ich ihn nicht mehr. Behandelt mich um die entscheidende Nuance zu wenig respektvoll. Kriegt auf den Kopf.»[187] – «Oss ist ein aussichtsloser Fall – er weiß nicht einmal, wie langweilig er alles macht. Er ist faul und unfähig.»[188]

Tucholsky habe Ossietzkys Arbeit «rücksichtslos erschwert» und ihn von Paris aus mit «umfangreichen, verletzenden Briefen» traktiert, über redaktionelle Entscheidungen, die er von außen nicht beurteilen konnte – so Hilde Walter in ihren Lebenserinnerungen rückblickend über den Konflikt.[189] Sie schrieb seit 1927 Beiträge für die «Weltbühne» (und hat 1934 führend die Friedensnobelpreis-Kampagne für Ossietzky organisiert). Tucholsky selbst sah das freilich anders: «Wieviel Jahrhunderte müssen wir noch zusammen machen», schreibt er im März 1932 an Ossietzky, «ehe Sie merken, daß ich nicht aus der Reihe tanze, und daß wir alles miteinander bereden können. Hat es schon einen Knatsch gegeben? Es wird auch keinen geben.»[190]

Es bedurfte eines Treffens der beiden bei fränkischem Wein in Würzburg, um den künftigen Status eines jeden abzuklären. Danach, am 11. Oktober 1927, meldete ein veränderter Untertitel der «Weltbühne»:

Kurt Tucholsky

«Unter Mitarbeit von Kurt Tucholsky – geleitet von Carl von Ossietzky.» Edith Jacobsohn hatte diese Maßnahme so lange hinausgezögert, weil sie Schaden für das «Blättchen» fürchtete, wenn sich allzubald herausstellte, daß Tucholsky der Redaktion den Rücken gekehrt hatte.[191] Dem machte die nunmehr offizielle Konsequenz seiner Entscheidung mächtig zu schaffen: «Was den Deckel angeht, so habe ich das schriftlich versprochen – sehr schwer, davon zurückzutreten», schrieb er im November 1927 seiner Freundin Lisa Matthias.[192]

Auch in späteren Jahren ist es ihm manchmal schwergefallen, Ossietzky in einer Position zu akzeptieren, die er selbst nicht hatte ausfüllen können. Im Juli 1931 erklärte er Rudolf Leonhard, er könne dessen Veröffentlichungsvorschlag nicht über Ossietzkys Kopf hinweg annehmen, weil der «ja die technische Redaktion hat».[193] Ossietzky als Verwalter, mehr nicht? «Johann» war der Deckname, den Tucholsky nach 1933 für ihn verwendete, das bedeutete, worauf Fritz J. Raddatz aufmerksam gemacht hat, soviel wie: Diener.[194] Ossietzky wiederum nannte Tucholsky «Sozius», also Teilhaber oder Beifahrer.

Diese unterschiedliche Wahrnehmung von Kompetenzen konnte nie ganz angeglichen werden. Sie begann mit Tucholskys zähneknirschendem Ausstieg aus der redaktionellen Leitung des Blattes: Wer sich für unentbehrlich hält und dennoch scheitert, tut sich naturgemäß schwer mit einem Nachfolger. In der ersten Zeit nach Ossietzkys Amtsantritt hatte Tucholsky viel zu mäkeln. Fad und langweilig fand er alles, was der andere anfaßte, und prophezeite wieder und wieder den baldigen Untergang der «Weltbühne». «[...] mit dem Blättchen ist natürlich wenig zu machen», schrieb er an Lisa Matthias. «Ich glaube nicht, daß der Mann böswillig ist, sondern indolent und nicht sehr intelligent.»[195]

Tucholsky konnte und wollte nicht akzeptieren, daß der Mann auf Siegfried Jacobsohns Platz keine Zeit für ihn hatte, daß er nicht lobte oder kritisierte, sondern nur abdruckte. Es war vielleicht auch die Sehnsucht nach dem Redakteur als Vaterfigur, die ihn umtrieb und ungerecht machte.[196] Nein, der «Marquis von O.» in seinem korrekten, dunklen Anzug, Uhrkette quer über dem Bauch, der etwas steif wirkende, stille Sohn eines Stenotypisten und einer Speisewirtin aus einem Hamburger Armeleuteviertel konnte kein Ersatz für den lebensgewandten Jacobsohn sein. Der witzige Großbürgersohn Tucholsky empfand ihn als langweilig, als einen, der nicht «dazugehörte» in der Berliner Szene. Auf Zeitgenossen wirkte Ossietzky zurückhaltend, ja schüchtern. Er habe anderen nicht richtig in die Augen sehen können, überliefert Walter Karsch, der zeitweilig Redaktionsassistent bei der «Weltbühne» und nach dem Zweiten Weltkrieg Chefredakteur des Berliner «Tagesspiegels» war.[197] Nur wer ihn näher kannte, so Rudolf Arnheim (der ab 1928 Kulturredakteur bei der «Weltbühne» und wohl der engste Mitarbeiter Ossietzkys war), erlebte seinen Charme und seinen Witz. «Das war ein Mensch, der einem nicht gleich auf die Schulter klopfte.»[198]

«Die redaktorische Leidenschaft fehlte ihm völlig, er entdeckte nicht, er regte nicht an. [...] Unter Ossietzky redigierte die Weltbühne gleichsam sich selbst.» Dieses vielfach kolportierte Bild von Ossietzky als Redakteur zeichnete Kurt Hiller 1938. In seinen Betrachtungen über den berühmten Zeitgenossen gibt er unverblümt zu, daß auch er darauf gehofft hatte, Jacobsohns Nachfolger zu werden – und daß er sich für den geeigneteren Redakteur hielt. Er nannte Ossietzky einen «NurNeinSager», fand ihn «als Denker unzulänglich», ohne Konzept: Ossietzky habe der «Weltbühne» keine klare politische Linie vorzeichnen können, weder eine kritisch-marxistische noch eine klassisch-liberale. Ja, jener sei ein glänzender Kritiker gewesen, aber ohne konstruktiven Entwurf für eine neue Gesellschaftsordnung.[199]

Carl von Ossietzky, 1929

«Die Abwesenheit der Linie war einer der wesentlichsten Reize der Weltbühne», urteilte dagegen Rudolf Arnheim.[200] Es war Raum in der kleinen Zeitschrift für alle, die auf irgendeine Weise gegen die Zerstörung der Republik stritten: für linke Sozialdemokraten wie Heinrich Ströbel und Hans Siemsen mit ihrer harschen Kritik am Sowjetsystem, für Leo Trotzki und Ernst Bloch, für bürgerliche Liberale wie Hellmut von Gerlach und Ludwig Marcuse, auch für einzelne Parteikommunisten wie Franz Leschnitzer und Béla Balázs, vor allem jedoch für all jene unabhängigen, aber engagierten Schriftsteller, an denen die Weimarer Republik so reich war – wie Hermann Kesten, Erich Kästner, Franz Blei, Max Brod, Alfred Polgar, Arnold Zweig, Axel Eggebrecht, Kurt Hiller, Walter Hasenclever und Else Lasker-Schüler. «Die ‹Weltbühne› ist eine

Tribüne, in der die gesamte deutsche Linke in des Wortes weitester Bedeutung zu Wort kommt», erklärte 1929 Kurt Tucholsky – und: «wir verlangen von unseren Mitarbeitern Klarheit, persönliche Sauberkeit und guten Stil [...] so habe ich das Blatt von meinem verstorbenen Lehrmeister Siegfried Jacobsohn übernommen und so habe ich es an Carl von Ossietzky weitergegeben, der keinen Finger breit von dieser Richtung abgewichen ist.»[201]

Solche Art Meinungspluralismus kollidierte wiederholt mit der offiziellen Linie der Parteikommunisten. 1928 zum Beispiel drosch deren Zentralorgan «Die Rote Fahne» auf die «kleinbürgerliche Sippe» ein, die sich um die «Weltbühne» versammelt habe. Anlaß war eine Reihe von Verrissen in der «Weltbühne», die sich gegen eine Inszenierung von Erwin Piscator richtete, den Vertreter eines «proletarischen Theaters» im Sinne der KPD. «Die Rote Fahne» reagierte mit unflätigen Beschimpfungen, nannte die Kritiker einen Schwarm von entwurzelten Intellektuellen, diffamierte den «geschäftigen Herrn v. Ossietzky» als «literarisches Lümpchen», als typischen Vertreter der «Schicht jener unentschiedenen, schwankenden, zersetzten und zersetzenden Intellektuellen-Produkte des Niederganges der Bourgeoisie».[202]

Die Unabhängigkeit von Staat, Parteien und Wirtschaft war für Ossietzky der Boden eines freien Journalismus und einer kompromißlosen, sachbezogenen politischen Kritik, wie sie in der «Weltbühne» geübt wurde. *Sie hat dafür von rechts den Vorwurf der Verräterei, von links den des verantwortungslos krittelnden, individualistischen Ästhetentums einstekken müssen*, schrieb er 1932 in *Rechenschaft*[203] und vermerkte am selben Ort, daß der am Mut zur eigenen Haltung orientierte politische Journalismus keine Lebensversicherung ist. Dieser Mut zur eigenen Haltung war bei Ossietzky mit einer hochgradigen Toleranz gegenüber anderen Meinungen verbunden. Der politisch weitverzweigte Mitarbeiterstamm offenbart seine geistige Liberalität. In diesem Sinne lobte Rudolf Arnheim, was Kurt Hiller, Kurt Tucholsky oder auch der Jacobsohn-Zögling Axel Eggebrecht bemängelten: daß Ossietzky Texte anderer kaum oder gar nicht redigierte. Der junge Kulturredakteur Arnheim empfand eben das als liberal und großzügig. Für ihn bestand die redaktionelle Stärke Ossietzkys darin, daß er den bewährten Mitarbeitern Raum für ihre eigenen Gedanken – und ihre eigene Handschrift gab.[204]

Ein «Mixtum compositum aus der festumrissenen Meinung des Herausgebers und aus der Aufgeschlossenheit gegenüber anderen Meinungen» nannte Walther Karsch die «Weltbühne». Ihr Facettenreichtum könne nur aus «oberflächlicher Erkenntnis» oder aus «Doktrinarismus» als Richtungslosigkeit gedeutet werden.[205] Beiträge von unbekannten Autoren oder von Experten, die allzu fachspezifisch formulierten, wurden durchaus gründlich redigiert. *Werfen sie mal einen kürzenden Blick darauf*, pflegte Ossietzky Arnheim zu bitten, wenn der Manuskripteberg ihm selbst über den Kopf wuchs. Als gute Methode zum Redigieren empfahl er, die erste Seite wegzuwerfen. Die brauche der Autor meistens, um sich einzuschreiben.[206] Walther Karsch schwärmte geradezu von der redaktionellen Leistung des Herausgebers: «Wir, seine Mitarbeiter und Mitredakteure wissen, wie er jedes Mal wieder, wenn es galt, eine neue Nummer zusammenzubauen, den angesichts der politischen Hochspannung fast aussichtslos erscheinenden Kampf auf sich nahm, die rechte Grundmelodie zu finden, auf die das Heft abgestimmt werden sollte, wobei auch die letzte Glosse unter dem unerbittlichen Gesetz der Form stand.»[207]

Den Ton gab Ossietzkys Leitartikel an, der allwöchentliche Aufmacher des Blattes. Er wurde jedoch erst verfaßt, wenn das übrige Heft stand und die neuesten Zeitungen ausgewertet waren. Jeden Samstagmorgen lieferte Ossietzky selbst das Manuskript bei einer kleinen Druckkerei in Potsdam ab, allerdings ohne die Seiten eins und zwei. Die verfaßte er nach der Lektüre der Samstagspresse in einem kleinen Potsdamer Café. «Da saß er immer an einem Tischchen nahe der Tür mit einem Bleistift und einem Stückchen Papier», erzählt Rudolf Arnheim. Bis um 12 Uhr hatte Ossietzky die beiden Seiten der «Weltbühne» gefüllt, und zwar ohne Bruchstelle zum vorher Geschriebenen.[208]

Wenn Ossietzky morgens in die Redaktion kam, studierte er zuerst einmal die Morgenzeitungen, filterte die politischen Ereignisse gleichsam durch die Presse, bevor er sich eine Meinung zu ihnen bildete. Seine kulturkritischen Beiträge erschienen meistens unter dem Pseudonym Celsus. Walther Karsch zeichnet von dem Journalisten Ossietzky das damals gängige Bild eines anmutigen Degenfechters, der außerdem die Kunst beherrschte, sein enormes Wissen so einzubringen, daß es nicht belehrend wirkte. «Fing man erst einmal [an] zu lesen, dann kam man nicht mehr davon los. Das sprühte und funkelte, da saß jeder Hieb, da wurde Fraktur geredet, aber immer mit dem Hut in der Hand, immer mozartisch-heiter, da wurde das Opfer umsprungen, bekam bald von dieser, bald von jener Seite einen Streich [...].» Gerade diese leichte, elegante Form aber ist schwer zu erreichen. Was er mit Leichtigkeit niederschrieb, war vorher – «im Stillen, im Aufundabgehen, auf der Straße, im Gespräch» – schwer errungen.[209]

In mancher Hinsicht entsprach Ossietzky wohl dem verbreiteten Klischee eines Journalisten: viel Zigaretten und Kaffee oder Tee, wenig Zeit. Sein Werk füllt sechs umfängliche Bände einer Gesamtausgabe. Demgegenüber hat er kaum private Spuren hinterlassen, außer in den liebevollen Betrachtungen seiner engen Mitarbeiter, die den Menschen hinter dem Redakteur «entdeckten». Als private Zeugnisse existieren vor allem die frühen Liebesbriefe an seine Frau und das *Erinnerungsbuch*, in das er manchmal einige Zeilen schrieb, meist zum Jahresbeginn. Auch sie werden allmählich spärlicher und erschöpfen sich schließlich in Ermahnungen und in Anspielungen auf Mauds Alkoholkrankheit. In

Maud von Ossietzkys Autobiographie finden sich immerhin ein paar private Details – etwa ein Bericht über die gemeinsam erlebte Aufregung, bevor Ossietzky seinen Antrittsbesuch in der «Weltbühne»-Redaktion machte. Danach reißen Mauds persönliche Erinnerungen buchstäblich ab – sie erlebte ihren Mann wohl fast nur noch in seiner Funktion als Leiter der «Weltbühne» und vereinsamte immer mehr.

«Wenn ich an meinen Vater denke, erinnere ich mich am liebsten an unsere Sonntagsspaziergänge», erzählt Rosalinda von Ossietzky-Palm. «Er zeigte mir die modernen Bauten in Wilmersdorf-Friedenau, die für ihn ein Zeichen waren, wie sehr man sich doch in der unvollkommenen Weimarer Republik für die Menschen engagierte, zum Beispiel durch den Bau von modernen Arbeitersiedlungen. Wie wunderbar er das fand, wie aufregend und inspirierend, daß etwas in dieser Republik – trotz alledem – geschah! [...] Mein Vater gab mir sehr viel, er gab mir ein Gefühl für die Republik, in der ich damals lebte, die er – trotz alledem – liebte.»[210]

Alltags fand ein Familienleben kaum statt. Ossietzky kam meistens nur nach Hause, um dort weiterzuschreiben. Seine Tochter saß still dabei und beobachtete den Vater, der sich sogleich ins Schreiben vertiefte. Er hockte am runden Wohnzimmertisch, umgeben von Teekanne, Tasse, Zetteln und Bleistiften, derweil sein Schreibtisch überquoll von Büchern und Papierbergen. «Er begann zu schreiben, rauchte Zigaretten, schrieb wieder, um dann das Geschriebene zu korrigieren. Dann erhob er sich, ging auf und ab, summte die Marseillaise [...], murmelte vor sich hin und sprach mit sich selbst und hatte scheinbar heftige Diskussionen mit unsichtbaren Gegnern. Er sah ironisch und dann wieder froh aus. Es geschah immer etwas mit seinem Gesichtsausdruck.»[211]

Das in der Öffentlichkeit verbreitete Bild von Ossietzky sei falsch, zumindest eindimensional, meint Rudolf Arnheim: man habe immer nur den verbissenen Kritiker vor Augen, den enttäuschten Republikaner oder den verhärmten KZ-Häftling, der stramm steht vor der SS. «So war er ja gar nicht, er war voller Humor, voller witziger Dinge. [...] Zum Beispiel, er wußte, während er immer mit Bleistift schrieb, konnte ich keinen Bleistift leiden. Bei mir war immer alles mit der Feder. Da kann ich mich erinnern, da hat er mir einmal einen Brief geschrieben, da hat er gesagt: ‹Verzeihen Sie, daß ich mit dem Bleistift schreibe, denn ich weiß ja, daß Sie gern alles in Marmor geritzt haben wollen› [...] Ich habe oft den Eindruck gehabt, als ob er eigentlich ein Franzose des 18. Jahrhunderts war. Er hatte irgend etwas von der Voltaire- und Diderot-Generation.»[212]

Wenige Monate nach seinem Eintritt in die «Weltbühne»-Redaktion umriß Ossietzky in dem Artikel *Lob der Außenseiter* selbst sein politisch-journalistisches Programm. Von der Warte der unabhängigen linken Demokraten aus wolle er die sogenannte Realpolitik der großen staatstragenden Parteien am Geist der Revolution von 1918/19 und der ersten demokratischen Verfassung in Deutschland messen. Anfang 1927

Die Weltbühne

Der Schaubühne XXIII. Jahr

Wochenschrift für Politik · Kunst · Wirtschaft

Begründet von Siegfried Jacobsohn

Unter Mitarbeit von Kurt Tucholsky
geleitet von Carl v. Ossietzky

Inhalt:

Carl v. Ossietzky: . . . . Die große Verwirrung
Lothar Persius: . . . . Die verschämte Gösch
Alfons Steiniger: . . . . Monstre-Prozeß in Rom
Ignaz Wrobel: . . . . Über wirkungsvollen Pazifismus
Ferdinand Timpe: . . . . Die moskauer Hinrichtungen
Alfred Polgar und Theobald Tiger: . . Lied der Kupplerin
Robert Neumann: . . . Die Öffentlichkeit ist ausgeschlossen
Alfred Polgar: . . . . Klabund: „X Y Z"
Harry Kahn: . . . . Blaue Bluse
Manfred Georg: . . . . Trench-Coat
Morus: . . . . Der Politiker Schacht
Bemerkungen von J. Gromann, Mario Mohr, W. Zucker u. a.
Antworten

Erscheint jeden Dienstag

XXIII. Jahrgang 11. Oktober 1927 Nummer 41

Versandort: Potsdam

Verlag der Weltbühne
Charlottenburg · Kantstrasse 152

schien die Lage in Deutschland einigermaßen stabil. Die bürgerliche Mitte hatte sich als Regierung etabliert und scheute dabei gelegentliche Kontakte mit der republikfeindlichen Rechten nicht. Konsequente Republikaner wurden im Namen des «Erreichbaren und Möglichen» an den Rand gedrängt, wenn sie den sozialen Auftrag der Verfassung einklagten, wenn sie sich gegen antirepublikanische Bestrebungen von Justiz und Reichswehr wandten und gegen die schleichende Aushöhlung der Demokratie. *Doch was wäre selbst das bißchen Konsolidierung*, so Ossietzky in seinem Artikel, *ohne die spornende, peitschende Kraft verhöhnter und gemiedener Außenseiter? Keine der später verwirklichten Ideen ist aus der Mitte der großen Parteien gekommen.*[213]

Arbeiterparteien und Demokratie

Der 1. Mai 1929 ging als «Blutmai»[214] und schwarzer Tag der deutschen Arbeiterbewegung in die Geschichte ein. Zu den blutigen Zwischenfällen kam es, nachdem der sozialdemokratische Polizeipräsident Karl Friedrich Zörgiebel Ende 1928 ein generelles Demonstrationsverbot für Berlin ausgesprochen und es auch zum traditionellen Kampftag der internationalen Arbeiterschaft nicht aufgehoben hatte. Die KPD blies zum Widerstand und rief zu unbewaffneten Mai-Demonstrationen auf. Am Morgen des 1. Mai erschien «Die Rote Fahne» mit dem Aufmacher «Kampf-Mai 1929. Verschärfung der Klassengegensätze. Wachsende imperialistische Kriegsgefahr. Stürmischer Vormarsch der Kommunisten. [...] Auf die Straße!»

Nach Schätzungen der Polizei folgten nur etwa 8000 Menschen dem Appell der KPD; wahrscheinlich waren es mehr, aber von einem Aufstand konnte nicht die Rede sein. Die Demonstrationszüge der Kommunisten verliefen friedlich; dennoch reagierte die Polizei unverhältnismäßig scharf. Am Nachmittag fielen die ersten Schüsse; Arbeiterviertel wurden abgeriegelt und bewacht wie ein Getto; es kam zu wüsten Straßenschlachten, die noch Tage anhielten. Der Blutmai 1929 kostete insgesamt 32 Todesopfer, lauter Unbewaffnete – Passanten und unbeteiligte Anwohner. Unter den Toten war kein Polizist.

Ossietzky nahm in mehreren aufeinanderfolgenden Artikeln Stellung zu dem Blutbad. Er klagte den Polizeipräsidenten Zörgiebel an, aus blindem Antikommunismus gehandelt zu haben, als er die Polizei auf Unschuldige schießen ließ. *Mehr als zwanzig Menschen mußten sterben, mehr als hundert ihre heilen Knochen einbüßen, nur damit eine Staatsautorität gerettet werden konnte, die durch nichts gefährdet war als durch die Unfähigkeit ihres Inhabers.*[215]

Ähnlich eindeutig nahmen nur wenige Nichtkommunisten Stellung, etwa Leopold Schwarzschild im «Tage-Buch»[216], der Zörgiebel wegen Mißbrauchs der Staatsmacht anklagte, oder Ossietzkys späterer Verteidiger Kurt Rosenfeld im links-sozialdemokratischen «Klassenkampf»[217], der von Ausschreitungen der Polizei sprach. Ansonsten verurteilte der überwiegende Teil der demokratischen Presse zwar das überharte Vorge-

Der «Blutmai» in Berlin, 1929

hen der Polizisten, stellte demgegenüber aber eine Mißachtung polizeilicher Verbote, bewußte Provokation zur Gewalt oder sogar Umsturzpläne unter Moskaus Regie in Rechnung.[218]

Als Zörgiebel von seiner Partei und seinen Vorgesetzten gedeckt und keine offizielle Untersuchung der Todesfälle eingeleitet wurde, bildete sich ein Ausschuß zur öffentlichen Untersuchung der Mai-Vorgänge.[219] Er disqualifizierte sich in den Augen der meisten demokratischen Publizisten allerdings dadurch, daß auch Kommunisten beteiligt waren. Die Liga für Menschenrechte setzte deswegen eine eigene Kommission ein, die bei aller Kritik an den vollmundigen Kampfparolen der KPD doch zu dem Schluß kam, daß die Polizei mit völlig unverhältnismäßigen Mitteln eingeschritten war und kläglich versagt hatte.[220]

Ossietzky aber beschloß, sich mit den Kommunisten an einen Tisch zu setzen. In dem Untersuchungsausschuß traf er Stefan Großmann als Vorsitzenden wieder, außerdem Otto Nuschke von der BVZ und den Anwalt Alfred Apfel. Die Versammlungssäle waren überfüllt, wenn der Ausschuß öffentlich Untersuchungsergebnisse bekanntgab und Zeugen vernahm. Die Polizei registrierte alle Äußerungen sorgfältig und überlieferte sie so den Nachgeborenen.[221] Der sozialdemokratische «Vorwärts» gif-

«Tribunal» Nr. 7, Juli 1929. Auf dem Foto Ossietzky sitzend, links neben dem Redner Stefan Großmann

tete gegen solche Aufklärungsbemühungen, nannte sie Moskauer Marionettentheater.[222] Er beschimpfte Ossietzky und Großmann als «intellektuelle Strohpuppen», die sich nur selbst darstellen wollten. Ossietzky antwortete in einer Rede vor dem Untersuchungsausschuß am 7. Juni 1929 auf solche Anfeindungen: *Ich für meine Person stehe parteimäßig rechts von der Sozialdemokratie. [...] Wir gehören sämtlich keiner Partei an. Wir halten uns politisch unabhängig, womit nicht gesagt ist, daß wir uns des politischen Denkens enthalten [...], und wir haben zum Teil mit den verschiedensten Parteien der deutschen Linken in bitterster Fehde gestan-*

den. Wenn jemand sich die Unabhängigkeit bewahrt hat, so sind es gerade die «Strohpuppen». Der «Vorwärts» irrt sich; er sieht die Welt von dem Wesen der Wichtigkeit der Parteibonzen.[223]

Der Untersuchungsausschuß legte im Juni ein Manifest vor, das noch einmal die Alleinschuld der Polizei am Mai-Massaker bekräftigte und die Entlassung ihres Präsidenten sowie eine Entschädigung der Opfer und Hinterbliebenen forderte.

Ossietzky sah in den Mai-Ereignissen und dem danach ausbrechenden *Rotkoller* eine Gefahr für das, was man heute inneren Frieden nennt. Eben darum betonte er immer wieder, sich durch keine Ressentiments von der Zusammenarbeit mit Kommunisten abhalten zu lassen, wenn Sache und Gewissen es erforderten. Das war zugleich eine demonstrative Maßnahme gegen jene Kommunistenhatz, die sich auf ein Verbot des Rotfrontkämpferbundes zuspitzte und die in seinen Augen letztlich den Verfassungsstaat selbst gefährdete. Die Verengung politischer Freiräume ließ sich schließlich auch gegen Nichtkommunisten wenden.[224]

Zuerst und vor allem aber war der Blutmai in Ossietzkys Augen der Sündenfall der SPD gegen Republik und Menschenrechte: *Unzählige treue Menschen, die noch immer an die Sozialdemokratie geglaubt haben, werden in alle Winde laufen,* prophezeite er: *Die Einen zu den Kommunisten, die Andern nach Rechts. Den Propheten roter und weißer Diktaturen werden diffuse Scharen enttäuschter Sozialdemokraten zuwandern. [...] So hat Herr Zörgiebel nicht nur seine Partei blessiert, er hat die ganze Linke, die ganze Deutsche Republik getroffen.*[225]

Die Enttäuschung über die SPD und wohl auch die konkrete Zusammenarbeit mit Kommunisten in dem Ausschuß, die er als faire und besonnene Menschen erlebt hatte, bewirkten zeitweilig eine gewisse Öffnung Ossietzkys gegenüber der KPD, obschon er stets aufs neue ihre geistige Abhängigkeit von Stalin, ihre Treulosigkeit gegenüber mißliebig gewordenen Genossen und vor allem ihren Hang zu Nationalismus und Gewalt geißelte.[226] Aber je mehr der Antikommunismus zum Vehikel gegen die Demokratie wurde, desto eindringlicher versuchte Ossietzky, das Feindbild Bolschewismus zu entzaubern, bemühte sich um eine sachliche Darstellung der Verhältnisse in der Sowjetunion. Deren erste revolutionäre Tat sei immerhin eine pazifistische gewesen, schrieb er 1929: die Unterzeichnung des Friedensvertrages von Brest-Litowsk, während die deutschen Militaristen unermüdlich weiter Blut vergossen.[227] Daß dieser Friedensvertrag auch und vor allem den Rücken für den Bürgerkrieg gegen den inneren Feind der Bolschewiki freihalten sollte, reflektiert Ossietzky in diesem Zusammenhang allerdings nicht. Wie die meisten linken Intellektuellen jener Zeit neigte er zu einem freundlichen Bild von der Sowjetunion, das sich desto stärker ausprägte, je mehr die Weimarer Republik zu scheitern drohte.

Dennoch findet sich in Ossietzkys Artikel immer wieder neu die Anstrengung, Klischees aufzulösen und ein ganz eigenes, tatsachenbezogenes Bild von der Sowjetunion entstehen zu lassen. Es gehe der sowjetischen Regierung wie einst dem französischen Direktorium nach dem Wohlfahrtsausschuß, hatte er schon 1927 geschrieben.[228] Sie herrsche über Menschen, die längst schon den revolutionären Elan verloren hätten, die erschöpft und verzweifelt seien. Mit ihnen müsse sie sich nun behaupten gegen eine feindliche Außenwelt, die nur auf eine Konterrevolution warte. Stalin habe zwar alle Hoffnung auf eine Synthese von Sozialismus und Demokratie in Rußland zerstört, aber er habe auch mit *eiserner Faust* Hunger und Anarchie besiegt, sein *gehetztes Land* vor der drohenden Invasion beschützt. Bei aller Kritik an Stalins diktatorischer Innenpolitik, die er mit der Despotie der Zaren gleichsetzte, verteidigte Ossietzky uneingeschränkt die Verstaatlichungsmaßnahmen in der Sowjetunion. Auf der Suche nach positiven Aspekten ließ auch er sich von den kurzfristigen Erfolgen der schnellen Industrialisierung dort blenden, nahm nicht die katastrophalen Folgen der Zwangskollektivierung der Landwirtschaft und der disproportionalen Entwicklung der Wirtschaft wahr. Tenor war: *Der durchschnittliche Radikale trägt mit Recht in sich Sympathie für Sowjetrußland.*[229] Ungeachtet solcher Sympathieregungen wandte er sich erbittert gegen die Verfolgung der intellektuellen Opposition, gegen Justizmorde und Liquidierungen schon in der frühen Ära Stalin.

Nach dem Blutmai 1929 trieb die Sozialfaschismusthese der KPD Blüten, und es entstand die absurde Situation, daß Kommunismus und Sozialdemokraten sich gegenseitig als Helfershelfer der Nationalsozialisten diffamierten und einander zerfleischten, während die NSDAP selbst mehr und mehr an politischem Boden gewann. Die bürgerlich-demokratischen Parteien verloren indes an Einfluß, und bei allen Vorbehalten gegenüber beiden deutschen Arbeiterparteien sah Ossietzky nur noch einen Weg zur Rettung der Republik, nämlich ein operatives Bündnis, ein Notprogramm von SPD und KPD gegen die Zerstörung der Demokratie: *Verteidigung der sozialen Arbeiterrechte und der politischen Bürgerrechte gegen das System der Notverordnungen und den Fascismus.*[230]

Solche Vorstellungen erwiesen sich angesichts der unverminderten Orientierung der KPD an den changierenden außenpolitischen Interessen Stalins, angesichts der unermüdlichen Tolerierungstaktik der SPD gegenüber rechtsbürgerlichen Notverordnungs-Regimen und angesichts der unüberbrückbaren Kluft zwischen den verfeindeten Arbeiterparteien als illusorisch. Aber es gab keinen anderen Weg. Ossietzky deshalb als Volksfrontromantiker[231] abzutun ist ebenso abwegig wie seine spätere Vereinnahmung durch den sogenannten Antifaschismus der ehemaligen DDR.[232]

Reformismus und Radikalismus sind zwei natürliche, legale Zweige der Arbeiterbewegung, erklärte er im Frühjahr 1932. *Der eine ragt in die Zu-*

kunft, der andere bedeutet Gegenwart. Beide Funktionen sind lebenswichtig. Und beide laufen heute unmittelbar Gefahr, Gegenwart und Zukunft zu verlieren und historische Kategorien zu werden. [...] Die Sozialdemokratie ist mit ihren opportunistischen Kniffen ebenso mit ihrem Latein zu Ende wie die KPD mit ihrem Treiben in die Weltrevolution. Primgeiger ist der Fascismus.[233]

1932 waren Reichspräsidentenwahlen, und die Gegensätze brachen frisch auf. Die SPD zauderte. Die KPD stellte prompt ihren eigenen Parteivorsitzenden Ernst Thälmann als Kandidaten auf. Für Ossietzky, der auf einen gemeinsamen Kandidaten der Linken gehofft hatte, war das ein unverzeihlicher Fehler, ein Alleingang, der die demokratische Front blockierte.[234] Weil dann aber die SPD nach langem Hin und Her über einen eventuellen Kandidaten aus den eigenen Reihen für Hindenburg votierte – als kleineres Übel gegenüber Hitler –, stellte Ossietzky sich abermals gegen die gesamte demokratisch-sozialistische Front, die damals glaubte, Hitler mit Hindenburg austreiben zu können. Für ihn war des Kaisers Generalfeldmarschall kein tragbarer Kandidat der Linken. *Gerne hätte ich als parteiloser Mann der Linken für einen akzeptablen Sozialdemokraten wie Paul Löbe oder Otto Braun gestimmt,* erklärte er und spielte damit auf eine innerparteiliche Diskussion an, in der jene als mögliche Kandidaten gehandelt worden waren. *Da kein sozialdemokratischer Kandidat vorhanden ist, muß ich schon für den kommunistischen stimmen.*[235]

Paul von Hindenburg

Die Wahlarithmetik der SPD, daß nur Hindenburg genügend Stimmen gegen Hitler sammeln könne, leuchtete Ossietzky nicht ein. Er sah damals weiter, erwartete, daß Hindenburg nach einem erneuten Wahlerfolg auf jeden Fall den Notverordnungsparagraphen der Verfassung gegen die Republik wenden würde. Gesiegt habe eine Legende, schrieb Ossietzky nach der Wahl Hindenburgs, *ein heroi-*

Um 1932

scher Rahmen, in den ein jeder nach Belieben ein buntes Geflecht von Illusionen spannen kann. Gesiegt hat ein historischer Name, der realpolitisch betrachtet jedoch nur ein Zéro darstellt, vor das erst eine konkrete Größe zu setzen ist. Wer diese Zahl setzen darf, der wird am Ende der wirkliche Sieger sein.[236]

Journalismus und Justiz

Man mag uns verurteilen, heute, morgen, übermorgen, wir werden es hinnehmen, aber unser Stolz wird sein, nicht «gebessert», sondern nur energischer, schärfer, dichter und zäher zu werden. Dafür sind wir Publizisten und stehen wir im Dienst der Öffentlichkeit.[237] So kommentierte Ossietzky 1927 das Urteil im sogenannten Femeprozeß. Dieser war nur ein erster Höhepunkt in einer ganzen Kette von politischen Prozessen, die seit Mitte der zwanziger Jahre gegen ihn als verantwortlichen Redakteur geführt wurden. Stets waren es die Artikel anderer Autoren, für die er vor die Schranken des Gerichts mußte. Der Femeprozeß richtete sich gegen einen Beitrag von Berthold Jacob in der «Weltbühne» vom 22. März 1927: «Plädoyer für Schulz».

Oberleutnant Schulz war der organisatorische Leiter jener illegalen Wehrverbände an der Ostgrenze des Reiches, die im Volksmund «Schwarze Reichswehr» hießen. Er war zum Tode verurteilt worden, weil er Untergebene angestiftet hatte, angebliche Verräter zu ermorden. Der Prozeß war nach Ansicht Jacobs als eine Art Schauprozeß durchgezogen worden, um die Öffentlichkeit zu beruhigen, nachdem eine ganze Reihe von Fememorden der Schwarzen Reichswehr enthüllt worden waren. Der inkriminierte Artikel protestierte dagegen, daß Schulz zum Sündenbock für eine heimliche und schlecht kontrollierte Wehrpolitik gemacht wurde, die eigentlich die Reichswehrführung zu verantworten hatte. Denn jene schwarzen Verbände waren von ihr initiiert worden und unterstanden letztlich ihrem Befehl. «Schulz hat Anspruch auf den ordentlichen Richter», schrieb Jacobs in der «Weltbühne». «Aber der soll nicht außer acht lassen, daß der Oberleutnant nur erteilte Befehle ausgeführt hat und daß man neben ihm auf die Anklagebank mindestens den Hauptmann Keiner und den Oberst von Bock, wahrscheinlich aber auch den Oberst von Schleicher und den General von Seeckt setzen müßte.»[238]

Der Reichswehrminister hatte wegen Beleidigung von hohen Offizieren geklagt, und das Schöffengericht Charlottenburg erfüllte seinen Wunsch mit einer zweimonatigen Gefängnisstrafe für Jacob und einer einmonatigen für Ossietzky. Letzterer empörte sich in seiner Stellungnahme «*Der Femeprozeß*»[239] insbesondere gegen die öffentlich zur

Schau getragene Einstellung der Richter, daß die Reichswehrführung zu Recht illegale Wehrverbände an der Ostgrenze betrieben habe. Darin offenbarte sich für ihn das enge Bündnis zwischen Reichswehr und Justiz gegen die völkerrechtlich verbindlichen Militärbegrenzungen des Versailler Vertrages, die auch Bestandteil der Verfassung waren. Das Urteil gegen Ossietzky wurde in der zweiten Instanz am 16. April 1928 vor dem Berliner Landgericht III auf 600 Reichsmark Geldstrafe verringert; schließlich wurde das Verfahren auf Grund einer allgemeinen Amnestie niedergeschlagen.[240]

Unbeirrbar schrieb Ossietzky seit Mitte der zwanziger Jahre gegen die ungehemmte politische Machtausdehnung des militaristischen «Staates im Staate». 1928 gab die neue sozialdemokratisch geführte Reichsregierung dem Druck des Reichswehrministers Groener nach und bewilligte jenen spektakulären Panzerkreuzerbau, gegen den die SPD ihren Wahlkampf geführt hatte. Das brachte den regierenden Parteien und damit der Republik einen ungeheuren Vertrauensverlust. Ossietzky wertete den Skandal als wichtigen Schritt beim Vormarsch der Militärs in der Politik. Deshalb unterstützte er das – letztlich erfolglose – Volksbegehren der KPD gegen den Panzerkreuzerbau.[241] Reichswehrminister Groener wurde sein Intimfeind, den er bei jeder Gelegenheit als antirepublikanische Gefahr in einem – noch – demokratischen Regierungssystem attackierte.

Im März 1929 lieferte Ossietzky Groener den Vorwand für einen Gegenangriff, als er einen Artikel des Luftfahrtexperten Heinz Jäger alias Walter Kreiser veröffentlichte: «Windiges aus der Deutschen Luftfahrt».[242] Der Autor geißelte den verschwenderischen Mißbrauch von Steuergeldern aus dem Reichsverkehrsetat für illegale militärische Luftfahrtprojekte, die laut Versailler Vertrag und damit nach Art. 4 Weimarer Verfassung verboten waren. Reichswehrminister Groener klagte beim Reichsgericht in Leipzig wegen Landesverrats gegen den Autor Kreiser und gegen Ossietzky als verantwortlichen Redakteur der «Weltbühne».[243]

Bereits im Vorfeld des «Weltbühne»-Prozesses war bezweifelt worden, daß der inkriminierte Artikel wirklich militärische Geheimnisse enthielt, war doch die illegale Produktion und Erprobung von Militärflugzeugen – zum Beispiel in der Sowjetunion – ein heißdiskutiertes Thema jener Jahre. Skandalenthüllungen über die allzu großzügige Subventionspolitik des Reichsverkehrsministeriums, bei der Gelder, die für die zivile Luftfahrt vorgesehen waren, militärisch zweckentfremdet wurden, hatten den Reichstag 1928 zu einer drastischen Etatkürzung bewegt.

Der Oberreichsanwalt Werner brauchte dann auch mehr als zwei Jahre für eine Anklageschrift, die jene zu Rechtsbrechern erklärte, die den Finger auf Verletzungen der Weimarer Verfassung gelegt hatten. Ein Gutachten des Auswärtigen Amtes kam zu dem Ergebnis: Der inkrimi-

Reichswehrminister Wilhelm Groener (in Zivil), rechts neben ihm Generaloberst Heye, 1930

nierte Artikel enthalte kaum militärische Informationen, die nicht schon in der ausländischen Presse oder in Fachkreisen diskutiert worden seien. Die potentielle Verratsmasse schrumpfte zu einem kleinen Abschnitt, der auf den militärischen Charakter einer gewissen «Abteilung M» bei der Deutschen Versuchsanstalt für Luftfahrt (DVL) auf dem Berliner Flugplatz Johannisthal-Adlershof anspielte. Die DVL war die zentrale Muster- und Sicherheitsprüfstelle, gewissermaßen der TÜV für die deutsche Luftfahrt, und wurde vom Reichsverkehrsministerium finanziert. Die illegale «Abteilung M» sollte die von staatlichen Zuschüssen abhängigen Flugzeugfabriken über Subventionssteuerung dazu zwingen, sich auf den Bau kriegstauglicher Maschinen zu konzentrieren. Die Angelegenheit hatte sich bereits im Februar 1928 so weit herumgesprochen, daß der sozialdemokratische Abgeordnete Krüger auf der 312. Sitzung des Reichshaushaltsausschusses verlangte, besagte «Abteilung M» fortan aus dem Etat des Reichswehrministeriums zu finanzieren. Und er beschwerte sich darüber, daß sie heimlich, an den zuständigen Reichstagsstellen vorbei, einen Militärflugplatz eingerichtet hatte.[244]

Kreiser griff die Angelegenheit mehr als ein Jahr später auf und behauptete, Reichsminister Groener habe die «Abteilung M» zwecks besserer Tarnung von der Adlershofer auf die Johannisthaler Seite des Flugplatzes verlegt, auf das Gelände der Flugzeugfabrik Albatros, und ihr den neuen Decknamen «Erprobungsabteilung Albatros» gegeben. Die Abteilung besäße etwa dreißig bis vierzig Flugzeuge. «Aber nicht alle Flugzeuge sind immer in Deutschland.» Dieser Satz, der letzte des beanstandeten Abschnitts, war eine Anspielung auf Militärflugzeugherstellung und Testflüge, die von der Reichswehr auf sowjetischem Terrain durchgeführt worden waren. In der Presse des In- und Auslandes waren längst große Enthüllungsserien über diesen Bruch des Versailler Vertrags erschienen.[245]

Auch bei Kreisers Ausführungen über die «Abteilung M» bzw. «Erprobungsabteilung Albatros» kam das Auswärtige Amt zunächst zu dem Schluß: «Man wird kaum behaupten können, daß das wenige, was Kreiser darüber gesagt hat, in Luftfahrtkreisen ein Geheimnis war.»[246] Der Oberreichsanwalt selbst muß Zweifel gehegt haben, ob die Aussagen Kreisers Geheimnisse preisgegeben hatten. Jedenfalls schickte er im Januar 1931 das Protokoll besagter 312. Sitzung des Reichshaushaltsausschusses an das Reichswehrministerium und fragte an, ob überhaupt noch von Geheimnissen die Rede sein könne. Der Reichswehrminister antwortete lapidar: Die Äußerungen Krügers seien nicht geeignet, die Bekanntheit aller Informationen über die «Abteilung M» vor Erscheinen des inkriminierten Artikels zu beweisen.[247]

Hinter den Kulissen arbeitete Groener derweil an einer grundsätzlichen Lösung der «Denunziantenfrage». Nachdem die SPD 1930 aus der Regierung herauskatapultiert worden war, hatte er über den Reichsjustizminister eine Gesetzesvorlage auf den Weg gebracht, die jedwede Kritik an der «angeblichen» deutschen Geheimrüstung als Vaterlandsverrat unter Strafe stellen sollte. Er begründete das so: «Den Pazifisten, die das Recht der öffentlichen Bekämpfung von Gesetzeswidrigkeiten für sich in Anspruch nehmen, würde eine wesentliche Grundlage entzogen, wenn sie sich nicht mehr allein gegen den Vorwurf der Preisgabe von Geheimnissen, sondern gegen die Anklage wegen öffentlicher Anschwärzung ihres Vaterlandes verteidigen müßten.»[248]

Diese Generalklausel hätte Groener bei der Verfolgung der Kritiker geheimer Aufrüstung in zweifacher Hinsicht entlastet: Der oft schwierige Nachweis, daß eine Nachricht tatsächlich neu für die Öffentlichkeit war, wäre weggefallen, und den Kritikern wäre ganz und gar die Legitimation entzogen worden, illegale Handlungen der Reichswehr aufzudekken. Der leicht zu erbringende Nachweis, die Staatsräson verletzt zu haben, hätte ausgereicht. Mitte 1931 wurde allerdings absehbar, daß die Vorlage den Reichstag nicht mehr vor Ablauf der Verjährungsfrist für den Fall «Weltbühne» passieren würde. Die Hauptverhandlung vor dem IV. Strafsenat des Reichsgerichts zu Leipzig wurde für den 8. Mai 1931 anberaumt – der Termin platzte jedoch. Das Auswärtige Amt hatte keinen persönlichen Vertreter als Sachverständigen entsandt, den der Oberreichsanwalt gegenüber der Öffentlichkeit noch für unverzichtbar hielt.

Die Reichswehrführung reagierte mit massivem Druck. Generalmajor Schleicher höchstselbst mahnte das Auswärtige Amt am 7. Juli zu einer einheitlichen Linie «im Kampf gegen den Verrat militärischer Geheimnisse, Landesverrat und das Denunziantentum»[249]. Staatssekretär von Bülow reagierte auf eine Weise, die beispielhaft zeigt, wie sich die Politik der militärischen Macht mehr und mehr unterwarf: «Ich hoffe, daß das neue Verfahren [man hatte inzwischen Vereinbarungen über bessere Zusammenarbeit in solchen Fällen getroffen] dazu beitragen wird, den Kampf gegen das Verrätertum so zu gestalten, wie es die Interessen des Reichs insbesondere auf dem Gebiete der Reichsverteidigung erfordern.»[250] Auf einen persönlichen Vertreter des Auswärtigen Amtes wurde dann doch verzichtet, weil es gegenüber dem Ausland als gleichsam objektive Instanz im Fall Ossietzky auftreten wollte und sollte.

Am 17. November 1931 begann die Hauptverhandlung gegen Ossietzky und Kreiser im Plenarsaal des Reichsgerichts zu Leipzig. Aber wie sollte der Verrat von etwas verhandelt werden, das gesetzlich verboten und deshalb angeblich gar nicht vorhanden war? Diese peinliche Frage umging das hohe Gericht, indem es die Öffentlichkeit ausschloß – unter Berufung auf den Spionageparagraphen des Strafgesetzbuches, der aus dem Kriegsjahr 1914 stammte. Der Prozeßbeginn war großartig inszeniert: nach der Verlesung der Anklage wurden noch sämtliche Vorstrafen der Angeklagten (alle wegen sogenannter Pressevergehen oder Beleidigungen) vorgetragen, und es wurde ausführlich aus dem erstinstanzlichen Urteil des Fememordprozesses gegen Ossietzky zitiert, obwohl dieses in der zweiten Instanz wesentlich abgemildert worden war. Dann erst schloß der Staatsgerichtshof der Republik die Öffentlichkeit unter Berufung auf die Sicherheit des Reiches aus.

Das Verfahren war von Anfang an durch ein Vor-Urteil über Ossietzkys politische Einstellung geprägt, wie das Urteil selbst offenbart: «Der Angeklagte war auch Pazifist», heißt es dort, und das rechtfertige «psychologisch den Schluß, daß der Angeklagte mit dem fraglichen Artikel ‹antimilitärisch› wirken wollte». Daraus wiederum schloß das hohe Gericht «zwanglos» die Absicht, er habe militärische Geheimnisse aufdekken wollen.[251]

Vorsitzender des «Weltbühne»-Prozesses war Reichsgerichtsrat Dr. Baumgarten, der 1930 das Hochverratsverfahren gegen drei Ulmer Reichswehroffiziere wegen nationalsozialistischer Umtriebe in der Armee geleitet hatte. Dabei war Hitler erlaubt worden, jene berühmte lange Rede über die «Legalität» der NSDAP zu halten, in der die Worte fielen, daß nach der Machtergreifung Köpfe rollen würden. «Das Reichsgericht ahnt den Herren von morgen», hatte damals Ossietzky die Langmut der Richter kommentiert.[252]

Die Verteidigung im «Weltbühne»-Prozeß hatten vier der prominentesten Anwälte der Weimarer Republik übernommen: Max Alsberg, Al-

Flugplatz Johannisthal-Adlershof in Berlin

fred Apfel, Kurt Rosenfeld und Rudolf Olden. Eine stenographische Mitschrift des Prozesses [253] von Alfred Apfel (die später in die Hände des französischen Geheimdienstes gelangte) offenbart, daß seitens der Angeklagten immer wieder bestritten wurde, die «Abteilung M» bzw. Erprobungsabteilung Albatros sei tatsächlich geheim gewesen: Das relativ kleine und übersichtliche Gelände lag innerhalb des Stadtgebietes von Berlin und war umsäumt von privaten Industriebetrieben, die sich teilweise in ausländischer Hand befanden. Die Angestellten der – eigentlich zivilen – Deutschen Versuchsanstalt für Luftfahrt und der Flugzeugfirma Albatros hatten jederzeit Einblick in die militärischen Angelegenheiten auf dem Flugplatz. Die Gutachter vom Reichswehr- und Reichsverkehrsministerium gaben während des Prozesses laut Apfels Protokoll offen zu, daß militärische Aktivitäten in Johannisthal-Adlershof wegen des «halböffentlichen» Charakters des Flughafens faktisch nicht durchführbar waren.[254] Deswegen hatte man die Erprobungsflüge längst nach Rechlin am Müritzsee verlegt, wo sie unter dem Tarnnamen «Reichsverband der Deutschen Luftfahrtindustrie» fortgesetzt wurden. Der dortige Militärflugplatz entwickelte sich seit 1928 zum zentralen Standort der geheimen deutschen Luftwaffe. Von ihm ist in Kreisers Artikel mit keinem Wort die Rede.

Im «Weltbühne»-Prozeß jedoch stellte der Sachverständige vom

Reichswehrministerium laut Apfel die Behauptung auf, wichtige militärische Geheimnisse, von denen das Ausland keine Kenntnis hatte, seien erst durch den inkriminierten Artikel bekannt geworden.[255]

Das Reichsgericht schloß sich in seinem Urteil ganz und gar «den schlüssigen und überzeugenden eidlichen Gutachten der beiden Sachverständigen» an, über die Argumente der Angeklagten setzte es sich resolut hinweg. Es lehnte sämtliche Entlastungszeugen ab, die beweisen sollten, daß die bewußten Nachrichten bereits vor Erscheinen von Kreisers Artikel im In- und Ausland bekannt waren. Dabei berief es sich auf eine Gummidefinition aus der eigenen «ständigen Rechtsprechung»: «Der Begriff des Geheimseins ist nur ein relativer», heißt es in der Urteilsbegründung, «d. h. es kommt ausschließlich darauf an, daß die Nachricht einer fremden Regierung oder einer in ihrem Interesse tätigen Person im Interesse der eigenen Wehrmacht [sic!] verborgen zu halten ist. [...] Gleichgültig ist es, ob kleinere Personenkreise des Inlands [...] davon Kenntnis hatten, wobei sich dieser Personenkreis nicht einmal notwendig auf das Inland zu beschränken braucht.»[256] Der Sinn solchen Widersinns wurde im Strafantrag der Oberreichsanwaltschaft offenbar: «Wegen der Bedeutung der Luftfahrt für die Landesverteidigung aber, und um ein abschreckendes Urteil für andere Journalisten zu geben, kann auf die Mindeststrafe von einem Jahr Gefängnis nicht anerkannt werden [...].»[257]

Aufgrund der Aussagen der Sachverständigen ging der Strafantrag über die Anklage hinaus und plädierte auf vollendete Spionage statt auf versuchte. Das Reichsgericht entsprach dem Willen der Reichsanwaltschaft ganz und gar. Dem Einwand, der inkriminierte Artikel habe «völkerrechtswidriges Verhalten rügen wollen», schenkte die schriftliche Urteilsbegründung keine Beachtung: «Dem eigenen Land hat jeder Staatsbürger die Treue zu halten; auf Durchführung der Gesetze kann er nur durch Inanspruchnahme der hierzu berufenen innerstaatlichen Organe hinwirken [...].»[258]

In der schriftlichen Urteilsbegründung wird Ossietzky ausdrücklich die «Überzeugungstäterschaft» aberkannt, das heißt, er wird zu einem gewöhnlichen Kriminellen, zu einem Spion gemeiner Sorte abgestempelt. Er selbst erklärt dazu in seinem Artikel *Rechenschaft*, daß davon während der Verhandlung selbst überhaupt nicht die Rede war. Besagte Mitschrift Apfels bestätigt das. Ossietzky stellt die peinliche Frage, ob solch eine gravierende Bewertung überhaupt nachträglich in das schriftliche Urteil eingefügt werden könne, das er und seine Anwälte übrigens nur ein einziges Mal einsehen durften, bevor es als streng geheime Unterlage weggeschlossen wurde.[259]

Vor den Drohungen irdischer Macht die Anständigkeit der Haltung zu wahren, das ist eine der wenigen Genugtuungen, die es im Leben gibt[260],

Maud und Carl von Ossietzky im Berliner Zoo, Frühjahr 1932

schrieb Ossietzky wenige Wochen vor dem Haftantritt seiner Frau in ihr gemeinsames *Erinnerungsbuch* und formulierte damit ein wesentliches Moment seines Selbstverständnisses. Aus dieser Zeit ist ein reger Briefwechsel mit Tucholsky erhalten. Der hatte sich dem deutschen Geschehen schon ganz entzogen und riet auch dem Gefährten zur Flucht aus der untergehenden Republik. Sinnlos, vollkommen sinnlos fand er Ossietzkys «Loyalität» gegenüber der Justiz.[261] Dessen Antwortbrief war klar und eindeutig: Er gehe nicht ins Gefängnis, um eine Strafe loyal abzusitzen, sondern um zu demonstrieren.[262] Der Gedankenaustausch floß in den Essay *Rechenschaft* ein, der am Tag des Haftantritts erschien: *Ich gehe nicht aus Gründen der Loyalität ins Gefängnis, sondern weil ich als Eingesperrter am unbequemsten bin.*[263]

Aus *Rechenschaft* spricht nicht nur Heroismus, sondern auch eine Verzichterklärung auf persönliches Glück, für das er in der Endzeit der ersten deutschen Demokratie immer weniger Zeit und Kraft gefunden hatte. Es war wohl ein Teufelskreis: Die Alkoholkrankheit seiner Frau wurde schlimmer, je mehr er sich in seinen Beruf zurückzog. Und das wiederum trieb ihn noch mehr zur Flucht in die Arbeit. So waren privater Lebensraum und menschliche Beziehungen ganz an den Rand seines Lebens gedrängt.

Kurz vor seinem Haftantritt brachte er Rosalinda in eine Internatsschule im Odenwald, weil er sie vor Anfeindungen schützen wollte, aber wohl auch, weil er sie nicht mit ihrer Mutter allein lassen konnte. *Du kannst noch nicht verstehen, [...] warum ich jetzt auf lange Zeit fort muß*, schrieb er in einem Abschiedsbrief, *aber Du brauchst Dich dessen nicht zu schämen [...] – es geschieht alles für eine gute und anständige Sache.*[264] Gegenüber Tucholsky hat er sich später in einem Brief aus dem Gefängnis eher nüchtern geäußert: *Daß ich hiergeblieben bin [...] ist großenteils Raison, Überlegung, daß der andre Ausweg nichts bessert.*[265]

Am 10. Mai 1932 mußte Ossietzky seine Strafe im Berliner Strafgefängnis Tegel antreten. Die prominentesten Vertreter des geistigen Berlin begleiteten ihn an das Gefängnistor.

Am selben Tag noch schrieb er Maud: *Unter Hochrufen ging ich durchs Gefängnistor. Dieser Tag, der der traurigste hätte werden können, ist für mich der stolzeste meines Lebens geworden.* Die Zelle beschrieb er als hell und frisch, verglich sie mit einem Badezimmer. *Aber die Vorstellung, daß hier jemand viele Monate sitzen soll, ist doch phantastisch.*[266]

Fortan drehte sich der Briefwechsel mit Maud meist nur um Banales, um Bücher, Strümpfe, Seife und andere Dinge des alltäglichen Lebens, die sie beschaffen sollte. Aber seine Briefe sprechen auch von der tiefen Sorge um sie, die mehr ein Kind als eine Frau für ihn geworden war. Es scheint, daß die Einsamkeit der Zelle ihn zum Nachdenken über sein Familienleben bewegt hat. In einer Zeit, als andere schon ihre Flucht aus Deutschland planten, organisierte er aus dem Gefängnis heraus den Umzug in eine neue Wohnung mit eigenen Möbeln, wo er seiner Familie nach Jahren des Umherziehens endlich ein ruhiges Leben ermöglichen wollte.

Am 1. Juli 1932 durfte Ossietzky für einen Tag die Einzelzelle verlassen – um erneut vor Gericht zu erscheinen. Und zwar wegen eines Artikels, den Tucholsky 1931 zum Gedenken an den Kriegsausbruch 1914 ge-

Vor dem Gefängnis in Tegel, 10. Mai 1932. Ossietzkys Haftantritt wurde zu einer politischen Demonstration

schrieben hatte: «Der bewachte Kriegsschauplatz», eine Anklage gegen jene doppelte Moral, die das Töten von Menschen im Frieden verdammte und es im Krieg zur heiligen Pflicht erhob. «Da gab es vier Jahre lang ganze Quadratmeilen Landes, auf denen war der Mord obligatorisch, während er eine halbe Stunde davon entfernt ebenso streng verboten

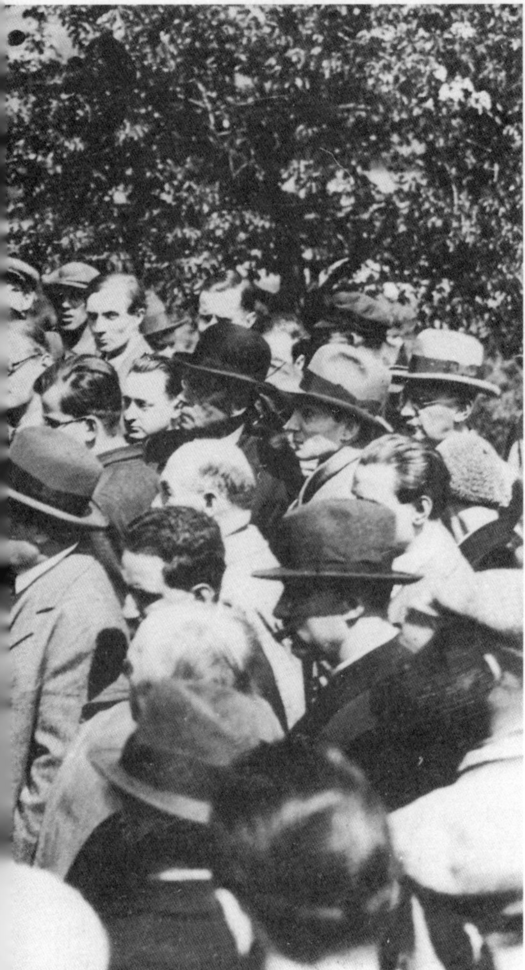

war. Sagte ich Mord? Natürlich Mord. Soldaten sind Mörder.»[267]

Das Reichswehrministerium klagte wegen Beleidigung des Soldatenstandes, aber nur gegen den verantwortlichen «Weltbühne»-Herausgeber. Der Autor des inkriminierten Artikels, der ewig reisende Tucholsky, galt als unerreichbar für die Arme der Justiz. Ossietzky wollte das wohl auch nicht anders: *Ich möchte noch einmal betonen, […] daß in diesem Falle das Verfahren nur gegen mich geht,* hatte er bereits im Februar 1932 an Tucholsky geschrieben. *Der Untersuchungsrichter […] hat mir ausdrücklich gesagt, es sei zwecklos, gegen Sie vorzugehen, weil Sie doch niemals da wären.*[268]

Dennoch plagte sich Tucholsky mit Selbstzweifeln. Mußte er nicht an der Seite des Freundes vor Gericht erscheinen? Scham und Furcht vor Kritik rangen mit Bequemlichkeit und Zweifel am Sinn eines Opferganges in die Gewalt einer rechtslastigen politischen Justiz – ein Opfergang, der weder Ossietzky noch der Republik nützen konnte. Tucholsky entschied sich, Deutschland fernzubleiben.

Für Ossietzky endete der sogenannte Soldatenprozeß mit einem persönlichen Triumph. Sein eigenes Schlußwort, so berichtete damals das

Ossietzky beim Betreten des Gefängnisses, mit Rudolf Olden und Kurt Rosenfeld

«Berliner Tageblatt», war der «Höhepunkt» der Verhandlung.[269] Es knüpfte daran an, daß während des Anklage-Plädoyers Marschmusik durch die offenen Fenster des Gerichtssaals gedrungen war. Vielleicht sei *durch diesen Klang der Staatsanwaltschaft von heute die Stimme ihres Herren mitgeteilt worden?*[270] Gegen den Vorwurf der Beleidigung des Soldatenstandes wandte Ossietzky ein, daß die «Weltbühne» nicht den einzelnen Soldaten, sondern den Krieg ächten wollte: […] *von Laotse über die Bibel und Kant durch die ganze Literatur. Alle haben den Krieg als Mörderhandwerk gekennzeichnet. Das Wort Mörder wird hier nicht in einem juristischen, sondern in einem sittlichen Sinne gebraucht. […] Wir greifen aber hier nicht nur an, sondern wir verteidigen das Recht auf Leben.*[271] Er berief sich dabei auf eine Enzyklika Benedikts XV., die seinerzeit zusammen mit dem inkriminierten Artikel in der «Weltbühne» abgedruckt worden war. In ihr wurden die Verantwortlichen des Krieges beschworen, «endlich dieser grauenhaften Schlächterei ein Ende zu setzen».

Der Prozeß endete mit einem Freispruch. *Unsere politische Justiz trägt nun einmal einen Lotteriecharakter,* kommentierte Ossietzky in einem Brief an Tucholsky. *Hier hatten wir einen über den Anlaß hinaus scharfen Staatsanwalt, aber einen katholischen Vorsitzenden. Compris –?*[272]

Ossietzky war mit großen Plänen ins Gefängnis gegangen. Er hoffte, endlich die Zeit für ein «richtiges Buch» zu finden: Eine Kulturgeschichte, die Edith Jacobsohn im «Weltbühne»-Verlag veröffentlichen wollte. Doch die Gefängnismauern brachten zwar erzwungene äußere Ruhe, aber keine innere. Er klagte in Briefen an Maud über Arbeitsschwierigkeiten und Konzentrationsstörungen. Für ihn galt striktes Rauchverbot, und er litt unter den Entzugserscheinungen und an Verdauungsstörungen. Letztere würden auch durch die ungewohnte Gefängniskost verursacht. Bereits nach wenigen Monaten stellte der Gefängnisarzt einen bedenklichen Gewichtsverlust fest und verordnete eine Fettzulage. Zeugenberichte wie Fotos dokumentieren, daß Ossietzky im Gefängnis körperlich litt.

Rudolf Arnheim veröffentlichte im Oktober 1932 einen Geburtstagsbrief an ihn in der «Weltbühne»: «Es ist eine grausame Ironie, daß man an einen solchen Ort des Uhrenkults und der preußischen Hausordnung grade Sie verschleppt hat, zu dessen Art es so gehört, sich über die bürgerlichen Regelmäßigkeiten hinwegzusetzen. Sie lieben es doch, Ihren Tag ohne Mittagessen und ohne Mantel hinzuleben, mit Kaffee zu den seltsamsten Tageszeiten und Tageszeitungen; mit halbeingestürzten Papierbergen auf Ihrem Schreibtisch, Sie bevorzugen Bleistiftstummel, wo andre nicht ohne ein Prunktintenfaß mit silbernem Rotstift auskommen.

«Soldatenprozeß» vor dem Landgericht III in Berlin, 1. Juli 1932.
Links Rudolf Olden, rechts Alfred Apfel

So ohne Aufwand und ohne Feierlichkeit tun Sie ja Ihre wichtige Arbeit, und deshalb schien Ihnen auch unbehaglicher fast als das Schicksal unverdienter Einkerkerung, daß der Weltbühnenprozeß Sie mitten in eine Öffentlichkeit hineinschob, die Sie aus der Ferne, mit verschlossenem Gesicht und mit einem Lächeln, das nicht jeder gleich bemerkt, zu betrachten wünschen; daß man den Menschen hinter dem Schriftsteller hervorzog. Ein Witz ist Ihnen lieber als eine Ansprache, aber dennoch haben Sie, als das leipziger Unwetter niederging, gezeigt, daß Sie die Fähigkeit besitzen, die vielen unsrer Satiriker, auch begabten, mangelt: sehr ernst zu sein, wenn es lohnt; schwerkalibrig im Innern, auch wenn der Bleistift so leicht über das Papier geht wie der Ihre. Wir haben, als Sie für Ihre Überzeugung nicht nur eine imaginäre Verantwortung sondern die eigne Freiheit und Gesundheit einzusetzen hatten, gelernt, was ein echter Polemiker ist.»[273]

Als Ossietzky nach einer allgemeinen Amnestie zu Weihnachten entlassen wurde, hatten die Militärs in Gestalt des neuen Reichskanzlers Schleicher schon die zivile Regierungsmacht in Deutschland übernommen. Sie waren dabei, die letzten Überreste der Demokratie zu beseitigen und so die Brücken zur NS-Herrschaft zu schlagen, von der sie dann selbst überrollt wurden.

Die Sitzung geht weiter – so hoffnungsvoll endete Ossietzkys Artikel *Rückkehr*[274] nach der Haftentlassung. Die Sitzung ging weiter: Ossietzky nahm seine Redaktionsarbeit auf, als sei seit dem Mai 1932 nichts geschehen.

Mit Tochter Rosalinda nach der Haftentlassung, Dezember 1932

Fliehen oder bleiben?

Nach der Reichstagswahl im Juli 1932 waren die Nationalsozialisten mit 37,3 % stärkste Fraktion. Nur das Ressentiment des Generalfeldmarschalls Hindenburg gegenüber dem «böhmischen Gefreiten» blockierte noch Hitlers Kanzlerschaft. Sozialdemokraten und Kommunisten hätten zwar zusammen eine beinahe gleich große Fraktion ausgemacht, aber sie waren auch jetzt noch nicht zu einem Waffenstillstand untereinander in der Lage, geschweige denn zu einem Notbündnis zur Verteidigung der Demokratie, wie es Ossietzky seit Jahren beschwor.

Soweit die Reste der bürgerlichen Parteien und das Zentrum überhaupt noch an eine Möglichkeit glaubten, Hitler zu verhindern, geschah dies im Vertrauen auf Gestalten wie Schleicher, Papen und Hugenberg, die ihrer Herkunft und ihrer Mentalität nach ebenso wie Hindenburg ganz der Machtelite der Wilhelminischen Zeit entsprachen. Gemäß den Vorurteilen der Oberklasse gegenüber dem Emporkömmling glaubten die Vertreter von Militär, Großgrundbesitz und Großindustrie, den «wilden Hitler» zähmen zu können. Überdies würden, so eine ständig wiederholte Beruhigungsformel, die Lasten des Regierungsamtes seinem Handeln aus sich heraus Grenzen setzen.

Wer das so sehen wollte, konnte sich in den ersten Wochen nach Hitlers Ernennung zum Kanzler, die am 30. Januar 1933 erfolgte, bestätigt fühlen: alle wirtschaftlich relevanten Ministerposten waren mit Vertretern der bürgerlichen Parteien besetzt; die Weichenstellungen für den Terror, den die nationalsozialistischen Machthaber aus ihren Schlüsselpositionen in der Exekutive heraus bei der Polizei und anderen Behörden vornahmen, blieben der Öffentlichkeit zunächst verborgen.[275] Noch hielten sich die Nazis an die Legalität – politische Gegner wurden schon inhaftiert, aber noch dem Haftrichter vorgeführt; noch konnte sich die Presse kritisch äußern, was sie in vorausschauender Vorsicht jedoch meist nur noch abgeschwächt tat.

An der Rubrik «Wochenschau des Rückschritts», die die «Weltbühne» bald nach dem Regierungsantritt Papens im Juni 1932 eingerichtet hatte und in der die Momente der Erosion des demokratischen Rechtsstaats festgehalten wurden, zeigt sich der Unterschied zwischen den Monaten

Adolf Hitler, 1933

der Regierungen Papen und Schleicher und den ersten Wochen der Kanzlerschaft Hitlers: Unter Papen und Schleicher waren in erster Linie die Kommunisten von Versammlungs- und Veröffentlichungsverboten betroffen, unter Hitler zunehmend die gesamte Linke, auch Sozialdemokraten und Parteiunabhängige. Unter der gleichzeitig eingerichteten Rubrik «Wochenschau des Fortschritts» in der «Weltbühne» stand jetzt regelmäßig: gestrichen.

Ossietzkys Leitartikel sind nach der Ernennung Hitlers zum Reichskanzler weniger polemisch als zu Zeiten der vorausgegangenen Präsidialkabinette. Ohne daß auf Deutlichkeit verzichtet wird, ist in ihnen nichts mehr von dem beißenden Spott zu finden, mit dem Ossietzky seit Anfang der zwanziger Jahre die nationalsozialistischen Führer attackiert hatte. Statt dessen zitiert er in der «Weltbühne» vom 7. Februar 1933 ironisch und geradezu genüßlich die Konservativen Fritz Klein und Hans Zehrer, die sich von der Zusammensetzung des Hitler-Kabinetts bitter enttäuscht zeigten. Der Klage Zehrers, daß dieses Kabinett doch niemals den versprochenen nationalen Sozialismus verwirklichen werde, fügt Ossietzky an: *Wenn die Leute, die eigentlich begeistert sein müßten, schon so niedergeschlagen gratulieren, wenn sich bei ihnen der Katzenjammer schon vor dem Gelage einstellt, die Ermattung schon vor der Lust, so enthebt das die Gegner des neuen Regimes der unfreundlichen Pflicht, sich um eigene Formulierungen zu bemühen.*[276]

Auf die eigene Formulierung verzichtet er denn aber doch nicht. Er konfrontiert die Hitler-Regierung mit ihren eigenen Widersprüchen: jahrelange antikapitalistische Propaganda – und jetzt der Großkapitalist Hugenberg als Wirtschaftsminister; Verteufelung der Kommunisten – und nun geistige Anleihe bei Stalin mit der Verkündung von Vierjahresplänen. Ossietzky wies auf den sozialen Zündstoff SA hin, die erwartete, *in irgend einer Form dem Staate einverleibt zu werden*[277]. Schaffe die Regierung es nicht, diese Widersprüche zu lösen, so prognostiziert Ossietzky, werde sie schnell das Schicksal der Regierung Schleicher ereilen. *Gelingt es ihr dagegen, die deutsche Misere auf einem eben noch erträglichen Niveau zu stabilisieren, verzichtet sie darauf, den sozialpolitischen Fundus allzu sehr anzutasten, verzichtet sie überhaupt auf manche der mitgebrachten Konfliktgelüste, so hat sie jede Möglichkeit für sich, ein System zu schaffen, das für ein gutes Menschenalter vorhält.*[278]

Auch in dem Artikel *Deutschland wartet!* vom 14. Februar 1933 insistiert Ossietzky auf der Einhaltung des Versprochenen. Die deutschen Arbeiter und Angestellten seien der Schlagworte müde und wollten jetzt die Taten derer sehen, die jahrelang agitiert und angeklagt hätten. Die von der Hitler-Regierung erlassene «Pressenotverordnung» stellt sich ihm noch als Fortsetzung von Maßnahmen der republikanischen Regierungen dar, und er mahnt provokativ: *Bei dem uralten Duell zwischen physischer Gewalt und freiem Gedanken ist die Gewalt im letzten Gang immer unterlegen. Wo eine diktatorische Herrschaft verwehren will, daß Ideen ausgesprochen, geformt, niedergeschrieben, verbreitet werden, da gibt es bald Verwesung, Friedhofsgeruch. [...] Immerhin geht die deutsche Presse in eine bewegte Epoche hinein. Der wirkliche Presseball beginnt erst jetzt.*[279]

Es war Ossietzkys letzter direkt politischer Artikel, in dem er diesen – nur allzubald widerlegten – Glauben an den Sieg des kritischen Geistes äußerte. Sein folgender Aufsatz handelte von Richard Wagner und dem Bayreuther Kreis, womit Ossietzky einen Teil des Konglomerats nationalsozialistischer Weltanschauung traf; in seinem letzten Artikel verteidigte er gegen Walter Bloem, der sich schon länger als Nationalsozialist bekannt hatte und bald zum Ehrenvorsitzenden des Deutschen Schriftstellerbandes avancierte, die als «kulturbolschewistisch» denunzierte Literatur.[280] Mit diesem Artikel, der am Tag seiner Verhaftung erschien, endete abrupt das 1911 begonnene publizistische Wirken Ossietzkys.

Am Abend des 17. Februar 1933 hielt der «Schutzverband Deutscher Schriftsteller» (SDS) seine letzte Versammlung ab; in einem überfüllten Saal traf sich noch einmal ein Teil der als Kulturbolschewisten Stigmatisierten. Am selben Tag hatte Hermann Göring angeordnet, schärfste Mittel gegen die «staatsfeindlichen» Organisationen anzuwenden; er werde jeden Mann decken, der für den neuen Staat seine Schußwaffe gebrauche. Das mußte als Freibrief verstanden werden, und entsprechend herrschte Angst. Ludwig Marcuse, Rudolf Olden und Ossietzky waren die Redner. Was Ossietzky gesagt hat, wird je nach Couleur verschieden berichtet. Bruno Frei und Pauline Nardi wollen ein klares Bekenntnis zur geeinten antifaschistischen Bewegung und zum Proletariat herausgehört haben[281]; nach anderen Zeitzeugen wie Hans Sahl und Axel Eggebrecht hat Ossietzky die Aussichtslosigkeit der Lage zugestanden und appelliert, in der bevorstehenden schweren Zeit sich selbst treu zu bleiben.[282]

Die Gewaltandrohung der Nazis bewirkte, daß sich die Opposition in den ersten Wochen der Hitler-Regierung verhältnismäßig ruhig verhielt. Wo sie etwas lauter auftrat, wurde sie sofort mit Verboten stillgestellt. Mit abwartender Haltung und Kleinkrieg gegen Oppositionelle war indessen nicht die «neue Ordnung» herzustellen, die den Nazis vorschwebte. Ein Fanal, von ihnen selbst inszeniert, aber dem Gegner anzulasten, bot die Pseudolegitimation, die Grenzen der Legalität mit einem Schlag einzureißen. Mit viel Sinn für Symbolik wurde das Reichstagsgebäude für dieses Fanal ausersehen. Noch in der Nacht des Reichstagsbrandes begann in Berlin, vom Polizeiminister Göring wohl vorbereitet[283], eine Verhaftungswelle, die am Morgen des 28. Februar 1933 Linke aller Richtungen im Gefängnis des Berliner Polizeipräsidiums versammelte. Auch Ossietzky war darunter. Mancher, der seinen Anwalt sprechen wollte, fand diesen schon vor, gleichfalls festgenommen.[284]

Ossietzky hatte den Abend des 27. Februar bei einer Freundin, der Journalistin Gusti Hecht, verbracht; auch Oskar Stark, Redakteur beim «Berliner Tageblatt», war anwesend.[285] Durch einen Anruf von Starks Redaktion erhielten die drei Nachricht vom Brand des Reichstags. Hecht und Stark beschworen Ossietzky vergeblich, sofort zu fliehen; er kehrte in seine Wohnung zurück und wurde prompt am frühen Morgen abgeholt. Drei Tage wolle er noch warten, hatte er seiner Frau erklärt, die auch zur Flucht gedrängt hatte.[286] Viele andere haben nach eigenem Zeugnis zur Flucht geraten. Hans Sahl fragte ihn nach der Versammlung des SDS: «Warum sind Sie noch hier? Sie sind einer der ersten, die man abholen wird. Wir brauchen Sie, aber nicht als Märtyrer.» Ossietzky soll darauf geantwortet haben: «Sollen sie kommen und mich abholen. Ich

Das Reichstagsgebäude am Morgen des 28. Februar 1933, nach dem Brand

habe es mir lange überlegt. Ich bleibe.»[287] Kurt Grossmann berichtet von einem Gespräch im kleinen Kreis über Fliehen oder Bleiben am 20. Februar, bei dem er selbst und Otto Lehmann-Rußbüldt angesichts der aussichtslosen Lage für Flucht waren; von Gerlach dagegen plädierte dafür, die bevorstehenden Wahlen abzuwarten. Ossietzky, so berichtet Grossmann, habe Verständnis für diejenigen geäußert, die fliehen wollten, er selbst wolle jedoch vorerst bleiben.[288] Unter den Warnern waren auch solche, die aufgrund ihrer Positionen oder Beziehungen über die drohende Gefahr Genaueres wußten, so Robert Kempner und Harry Graf Kessler. Warum also floh Ossietzky nicht?

Über seine Motive lassen sich nur Vermutungen anstellen. Möglich ist, daß er glaubte, zumindest bis zu den März-Wahlen 1933 würden die Nazis die Fassade der Legalität aufrechterhalten. Es gab private Gründe, wenn irgend möglich zu bleiben: die Alkoholkrankheit seiner Frau, die nach Jahren möblierten Wohnens erstmals eingerichtete eigene Wohnung. Und es gab die in jeder Hinsicht tristen Aussichten eines Publizisten im Exil. *Der Oppositionelle, der über die Grenzen gegangen ist, spricht bald hohl ins Land herein*, hatte er vor Antritt seiner Gefängnishaft geschrieben und damit auf die Empfehlungen von Freunden geantwortet, sich der Haft durch Flucht zu entziehen. *Der ausschließlich politische Publizist namentlich kann auf die Dauer nicht den Zusammenhang mit dem Ganzen entbehren, gegen das er kämpft, für das er kämpft, ohne in Exaltationen und Schiefheiten zu verfallen. Wenn man den verseuchten Geist eines Landes wirkungsvoll bekämpfen will, muß man dessen allgemeines Schicksal teilen.*[289]

In einem Gespräch mit Lehmann-Rußbüldt, als beide schon in Haft waren, hat er diese Einstellung noch einmal bekräftigt.[290] Nach den jahrelangen Attacken gegen die Nazi-Führer hätte er es wohl zudem als Feigheit empfunden, jetzt das Kampffeld zu räumen – als Kapitulation des Geistes vor der Gewalt. Dabei konnte er sich kaum Illusionen über den Haß machen, den die Nazi-Führer ihm gegenüber aufgestaut hatten; eher schon über das Ausmaß der Brutalität, das diese dann gegenüber ihren Gegnern praktizierten. Unter den Kardinaltugenden gilt die Klugheit der Tapferkeit vorangestellt; danach hätte Ossietzky wie viele andere fliehen müssen. Wir können indes auch annehmen, daß ihm das Ende seiner publizistischen Arbeit und das Aufgeben des politischen Widerstandes dem Verlust des Lebenssinns gleichgekommen wäre.

Am 1. März 1933 wurde Ossietzky vom Polizeipräsidium in die Strafanstalt Spandau verlegt. Von dort konnte er seiner Frau Maud schreiben. «Schutzhaft» nenne man seinen gegenwärtigen Zustand, der vielleicht nur eine vorübergehende Maßnahme sei. Maud solle die Nerven bewahren, *es liegt kein Grund zur Klage vor,* es sei *alles nur halb so schlimm.*[291] Tatsächlich waren die Verhältnisse in dieser Strafanstalt vergleichsweise erträglich; hier bestimmten noch die Gefängnisbeamten, nicht SA und SS wie später in den Konzentrationslagern.

Dieser erste Brief an Maud enthält beinahe alle Punkte, die Ossietzkys Briefe an seine Frau in den nächsten drei Jahren bestimmten: die Versicherung, daß es ihm gut gehe und sie nicht beunruhigt zu sein brauche; die sorgenvolle Aufforderung an Maud, auf ihre Gesundheit zu achten und sich von den Freunden helfen zu lassen; die liebevolle Erwähnung der Tochter Rosalinda als «Baby», zwischen den Eheleuten die stärkste Gemeinsamkeit; die Bitte um Utensilien des alltäglichen Lebens, Zigaretten und etwas Geld sowie am dringendsten: die Bitte, für das Zeitungsabonnement zu sorgen. *Ich muß wissen, was auf der Welt vorgeht.* Er fühle sich nicht so vereinsamt, schreibt er im dritten Brief aus dem Polizeigefängnis Spandau, wenn er wisse, was draußen los sei.[292]

Ein Name taucht in fast jedem der Briefe auf, die er während der drei Jahre Haft an seine Frau schreibt: Hedwig Hünicke, anfangs noch als «Frl. Hünicke», später nur als «Hedwig». Diese Frau war schon als Geschäftsführerin in der Redaktion der «Weltbühne» die tragende Stütze gewesen; sie blieb es für Ossietzky während seiner ganzen Haftzeit. Die

Kontakte zwischen Ossietzky und seinen Freunden im Exil liefen von Ende 1933 an vor allem über sie. Hünicke unterstützte die kranke Maud und begleitete sie bei Besuchen im KZ, versorgte Ossietzky und seine Frau mit dem im Ausland gesammelten Geld und war für alle Außenstehenden die wichtigste Nachrichtenquelle über Ossietzkys Zustand. Mehrmals wurde sie von der Gestapo vorgeladen, die sie nicht nur über Ossietzky, sondern auch über den Verbleib von «Weltbühne»-Mitarbeitern, über Pseudonyme in der Zeitschrift und ähnliches auszupressen versuchte. Ihren Lebensunterhalt verdiente die tapfere und mutige Frau nach dem Verbot der «Weltbühne» in jüdischen Verlagen. Eine «arische» Angestellte vom Charakter Hedwig Hünickes war für diese Verlage sehr wertvoll. Später übertrugen ihr jüdische Auswanderer oft auch die Sorge für ihre dableibenden älteren Angehörigen; viele von ihnen hat sie zum letzten Transport begleitet, wohl wissend, was diese Menschen erwartete.[293]

Hedwig Hünicke. Foto nach 1945

Am 25. März erhielt Ossietzky Briefe von seiner Frau und von Milly Zirker, die ihn in äußerste Unruhe versetzten. Aus den Andeutungen mußte er entnehmen, daß Maud den Belastungen nicht mehr gewachsen war und nach dem Willen der Freunde in ein Sanatorium sollte. Hinzu kamen andere Unklarheiten: Wie sollte das Geld für Rosalindas Aufenthalt in der Odenwaldschule weiterhin aufgebracht werden? Was geschah mit der neu eingerichteten Wohnung und den auf Raten gekauften Möbeln?[294] Die Unruhe verstärkte sich in der folgenden Zeit, weil Maud offenbar nicht mehr in der Lage war, so oft zu schreiben, wie es erlaubt gewesen wäre. *Bei solcher Trennung ohne Nachricht, das führt zu schweren Gedanken*, schreibt er ihr im April und drängt sie, um Sprecherlaubnis nachzusuchen.[295]

Zwei langjährige Freundinnen Ossietzkys, Milly Zirker und Hilde Walter, bemühten sich zuerst in Berlin und ab Ende 1933 von Paris aus um Geld für Ossietzky und seine Familie. Milly Zirker kannte Ossietzky schon aus der Zeit der «Nie-wieder-Krieg!»-Bewegung; später hatte sie auch in der «Weltbühne» geschrieben, teils unter dem Pseudonym Johan-

Milly Zirker

Hilde Walter

nes Bückler. Mit Hilde Walter war Ossietzky seit 1927 bekannt, seitdem war sie Mitarbeiterin der «Weltbühne» und auch in der Redaktion tätig gewesen. Aus der Initiative dieser beiden Frauen ging der «Freundeskreis Carl von Ossietzky» hervor.[296]

Die Besitzerin der «Weltbühne», Edith Jacobsohn, hatte sich verpflichtet, weiterhin regelmäßig Zahlungen für Ossietzky und seine Familie zu leisten. Aber diese gingen nur unregelmäßig ein. Jacobsohn war inzwischen im Exil und finanzierte aus dem Teil ihres Vermögens, das sie der Beschlagnahme hatte entziehen können, die im Exil gegründete «Neue Weltbühne». Zwischen den Freunden, die sich um Geld für Ossietzky und seine Familie kümmerten, vor allem zwischen Hilde Walter und Milly Zirker auf der einen und Edith Jacobsohn bzw. ihren Nachfolgern bei der «Neuen Weltbühne» auf der anderen Seite, kam es immer wieder zu Auseinandersetzungen um die Zahlungen.[297]

Eine Beruhigung Ossietzkys über die privaten Verhältnisse «draußen» trat erst ein, nachdem ihn Maud zusammen mit Hilde Walter Anfang Mai im KZ Sonnenburg besucht hatte. Die Probleme wurden nach und nach mit Hilfe der Frauen Walter, Zirker und Hünicke gelöst.

Maud ging in ein Sanatorium, Rosalinda mußte die Odenwaldschule verlassen und kam vorerst bei einer Bekannten in Berlin unter. Die Wohnung wurde aufgelöst, und die Möbel wurden von der Lieferfirma wieder abgeholt.

Völlig andere Zustände als in Spandau, wo eines der Hauptprobleme der Gefangenen die Eintönigkeit war – *Ein Tag vergeht wie der andere*[298] –, herrschten im KZ Sonnenburg, in das Ossietzky, zusammen mit Erich Mühsam und anderen Intellektuellen, als einer der ersten am 6. April 1933 transportiert wurde. Hier wirkte die berüchtigte «Polizeitruppe Wecke», verstärkt durch die nicht weniger brutale SA-Truppe «Helene Wessel». Schon im Sommer hatte das Lager den Beinamen «Folterhölle». Die Quälmethoden reichten von Schlägen über angeordnete Kameradenmißhandlungen bis zum Ausheben des eigenen Grabes mit anschließender Scheinhinrichtung. Wer als Intellektueller bekannt war, wie Ossietzky, mußte nach dem versteinerten Weltbild der Bewacher Jude sein und wurde demnach als «Judensau» tituliert und besonders mißhandelt.[299]

Schon vier Tage nach dem Eintreffen der Gruppe mit Ossietzky schrieb der Staatsanwalt Mittelbach an Rudolf Diels, der gerade zum Leiter der Politischen Polizei in Berlin aufgestiegen war, von schweren Mißhandlungen beim Eintreffen der Gefangenen. Diels begab sich daraufhin nach Sonnenburg. Nach dem Krieg faßte er seine Eindrücke so zusammen: «Der Anblick der Gefangenen war schlechthin unbeschreiblich. Es waren Gestalten aus einem Spuk oder einem dämonischen Traum. [...] Ich konnte Ossietzky kaum noch erkennen. Er trat auf Lützow [Polizeioffizier] und mich zu und bat nur mit schwacher Stimme, daß man ihn aus dieser Hölle befreien solle.»[300]

In der Folge wurde in Sonnenburg ein Teil des Personals ausgewechselt. Die Nazis versuchten den schon ins Ausland gedrungenen Nachrichten über die «Folterhölle» entgegenzuwirken, indem sie die Besichtigung des eigens präparierten Lagers durch eine ausländische Journalistengruppe zuließen. Die Initiative zu dem Besuch war von der Liga für Menschenrechte im Exil ausgegangen. Der Amerikaner H. G. Knickerbocker fragte Ossietzky, ob er ihm etwas zu lesen schicken solle, worauf dieser ihm geantwortet haben soll: «Nun, ich denke, die Geschichte des Mittelalters wäre sehr apropos!»[301] Das gleichgeschaltete «Berliner Tageblatt» wußte am 24. Mai von dem Besuch zu berichten: «Der Gesamteindruck, den die Journalisten von der Besichtigung mitnahmen, war der einer durchaus schonenden, vielleicht sogar verschiedentlich allzu verständnisvollen Behandlung der Häftlinge, die hier einer originellen und sehr einfachen Erziehungsarbeit unterzogen werden.» Die sogenannte einfache Erziehungsarbeit bestand aus Gottesdienstbesuchen, Wahrung der peniblen Hausordnung – und weltanschaulichem Unterricht durch SA-

Leute! An die Stelle der geminderten physischen Mißhandlungen waren psychische getreten.

Von dem Terror, den Ossietzky und seine Leidensgenossen im KZ Sonnenburg erlitten, ist in den Briefen an seine Frau nicht die Rede; wie denn auch – die Post wurde selbstverständlich zensiert. Die sich durch fast alle Briefe aus den Konzentrationslagern ziehende Wendung «es geht mir gut» läßt schon durch die stete Wiederholung den Zwang erkennen. Andererseits fällt doch auf, daß jemand wie Ossietzky, der sich sprachlich so überaus nuancenreich und doppelbödig auszudrücken wußte, nur selten vermittelte Nachrichten über sein Befinden schrieb. Der Grund dafür mag die eingespielte und auch jetzt noch wirksame Rollenverteilung der Eheleute gewesen sein, nach der er der Belastbare und Sorgende war, sie die Schwache und Gefährdete. *Ich gestehe Dir*, schrieb er im Juli 1933, *daß ich wegen Deiner Gesundheit voll von Sorgen bin, und ich fürchte auch, daß Du schwer fähig sein wirst, ohne meine ständigen Einwirkungen Deine Existenz zu regulieren.*[302]

Hatte ihn die Nachricht von einem notwendigen Sanatoriumsaufenthalt Mauds zunächst beunruhigt, so sah er darin bald eine Entlastung. Während des ganzen Sommers 1933 drängte er Maud, so lange wie möglich in der Obhut der Ärzte zu bleiben. Rosalinda war inzwischen mit Hilfe englischer Quäker nach England gebracht worden, wo sie im Hause des Politikers Josiah Wedgewood Aufnahme fand.[303] Als Maud im Oktober 1933 ankündigte, von Berlin nach Hamburg zu Ossietzkys Stiefvater Gustav Walther übersiedeln zu wollen, versetzte dies den Gefangenen erneut in helle Aufregung; zugleich äußerte er sofort Verständnis dafür. Es ist dies auch eines der wenigen Male, bei denen er Sorge um sich selbst ausdrückt: *Du mußt mir jedenfalls mitteilen, wer hier meine Angelegenheiten übernimmt, an wen ich mich zu wenden habe wegen der Zeitung und wenn ich sonst etwas brauche.*[304]

Im Herbst 1933 schien es, als wolle die NS-Führung sich Ossietzkys schnell entledigen. Er wurde verdächtigt, zusammen mit Kommunisten, unter anderem Ernst Torgler und Ludwig Renn, einer der Hintermänner des Reichstagsbrandes zu sein. Nach Zeugenaussagen sollte er am Abend des Brandes in einem Bierlokal am Alexanderplatz gesehen worden sein, wo er mit anderen Verdächtigen Karten gespielt und äußerst konspirativ gewirkt habe. Nicht zuletzt durch geschickte Fragen, die der ebenfalls angeklagte Torgler an den angeblichen Augenzeugen stellte, kam jedoch heraus, daß der Mann Ossietzky aufgrund eines Fotos in der «Illustrierten Zeitung» identifiziert hatte, auf dem Torgler, Renn und Ossietzky zusammen abgebildet waren. Torgler erklärte dem Gericht die Entstehung des Fotos: Es war im Auftrag der Polizei von ausländischen Pressevertretern gemacht worden, um bis ins Ausland gedrungene Gerüchte vom Tod der drei zu widerlegen. Neben den Genannten war auch der Polizeichef Diels auf dem Foto zu sehen.

März 1933: Ernst Torgler, Ossietzky und Ludwig Renn werden der ausländischen Presse vorgeführt

Was auch immer die Absichten der Nazi-Führung gewesen sein mögen (Bruno Frei sieht es als erwiesen an, daß Ossietzky in den Prozeß hineingezogen werden sollte[305]), die Beweiskonstruktion war so schwach, daß keine Anklage erhoben werden konnte. Ossietzky selbst mußte allerdings zeitweilig annehmen, daß er auf diese Weise endgültig erledigt werden sollte. Wie er Maud in den letzten Wochen vor seinem Tod berichtete, war er in der Zeit der Vorbereitung des Reichstagsbrandprozesses vernommen worden, ohne zunächst durchschauen zu können, warum dies geschah. Erst ein Blick auf den Aktendeckel des vernehmenden Beamten ließ ihn mit Schrecken wahrnehmen, daß es um den Reichstagsbrandprozeß ging.[306]

In den Briefen dieser Zeit ist mehrmals von einem Entlassungsgesuch die Rede, das Maud mit Unterstützung der Freunde einreichen wollte. Auch bei den Besuchen, die Maud zusammen mit Hilde Walter – diese wurde als Begleitperson der kranken Maud akzeptiert – Anfang Mai, Ende Juni und Mitte August 1933 machte, kamen ein solches Gesuch bzw. andere Wege zur Freilassung zur Sprache. Nach Walters Bericht[307] war Ossietzky zu dieser Zeit gegenüber einem Gesuch skeptisch, weil er befürchtete, es werde ihm eine Loyalitätserklärung gegenüber dem NS-Staat abverlangt. Weniger Bedenken hatte er, einen Rechtsanwalt zu beauftragen, die Freilassung zu bewirken, obgleich er die Aussichten nicht sehr optimistisch einschätzte. Zwei Anläufe in dieser Richtung, von Gusti Hecht und Oskar Stark in Gang gesetzt, verschlangen viel Geld – Albert Einstein hatte in den USA eine Sammlung initiiert – und blieben ergebnislos.

Wie die emigrierten Freunde in Paris, Prag und London[308] bald feststellen mußten, erwies es sich in den ersten Jahren nach Etablierung des NS-Systems als überaus schwierig, in der Weltöffentlichkeit bekannte Politiker aus den demokratischen Staaten zu Interventionen gegen die Hitler-Regierung zu gewinnen. Hitlers Scheinbefriedung im Inneren nach einer langen Phase politischer und wirtschaftlicher Wirren in Deutschland, seine autoritär-nationalistische Bestimmtheit gegenüber dem Ausland, verbunden mit der eindringlichen Bekundung seines angeblichen Friedenswillens, imponierte nicht nur der politischen Rechten in anderen Ländern; die Haltung wohlwollenden Abwartens war bis in liberale Kreise verbreitet. Wenn nicht latente Bewunderung, bestimmte doch vorsichtige Zurückhaltung die Haltung der meisten Regierungen und Parteien, so daß es immer nur einzelne Persönlichkeiten oder engagierte kleine Gruppen waren, die von Emigranten für Aktionen gegen Nazi-Deutschland gewonnen werden konnten.

Die ersten ausländischen Proteste gegen Inhaftierungen nach dem Reichstagsbrandprozeß, auch gegen die Ossietzkys, kamen von solchen kleinen Organisationen. Sie richteten sich an den die Friedensschalmei blasenden Reichskanzler Hitler.[309] So schwierig wie die Einschätzung von dessen Friedensbeteuerungen war es anfangs – sogar für die noch in Deutschland lebenden Oppositionellen –, das wahre Ausmaß des Terrors zu erkennen, den die Nazis auszuüben begannen. Dies erklärt auch einen aus heutiger Sicht beinahe naiv wirkenden Versuch 1933, über die Einschaltung eines Rechtsanwaltes Ossietzkys Entlassung zu bewirken. Später sind neben der Nobelpreis-Kampagne noch andere Wege vergeblich beschritten worden, die Hitler-Regierung direkt zu beeinflussen, etwa über prominente englische Politiker[310] oder über die Gräfin Wilamowitz-Moellendorf, die Schwester von Görings erster Frau[311]. Die Bemühungen über englische Politiker wie die initiierten Anfragen des Internationalen Roten Kreuzes führten zwar in der Regel zu einem lebhaften Schriftverkehr zwischen deutschen Botschaften, Auswärtigem Amt und der Gestapo; ob sie allerdings etwas dazu beitrugen, Ossietzkys Los zu erleichtern, ist kaum abzuschätzen.

Ebenso schwierig war es damals wie heute festzustellen, welche Auswirkungen die zahlreichen vom «Freundeskreis» lancierten ausländischen Presseveröffentlichungen hatten. Die Art der Veröffentlichungen war ein ständiger Konfliktpunkt zwischen der Pariser Gruppe (Hellmut

Im KZ Sonnenburg, Juli 1933. Ossietzky in der hinteren Reihe, dritter von links

von Gerlach, Hilde Walter, Milly Zirker, Konrad Reisner) und dem Prager Kreis um die «Neue Weltbühne» (Kurt Grossmann, Hermann Budzislawski u. a.). Mit Sicherheit waren für Ossietzky Artikel und Meldungen hilfreich, die in der Auslandspresse ohne erkennbaren Bezug zu Emigranten erschienen, wobei das Renommee der Zeitung, das Land, eventuell auch die Autoren den Unterschied ausmachten. Dies läßt sich an den Berichten der deutschen Botschaften an das Auswärtige Amt ablesen. Veröffentlichungen in der englischen, schwedischen, amerikanischen und schweizerischen Presse wurden aufmerksamer registriert als solche aus Frankreich, der Tschechoslowakei, Holland oder Polen. Die Scheidelinie entsprach schon in etwa der zwischen den Ländern, gegen die sich später die deutsche Aggression richtete, und jenen, die man sich neutral wünschte.

Veröffentlichungen in der Exilpresse, vor allem in der «Neuen Weltbühne», konnten für Ossietzky nur von Nachteil sein. Er selbst hat sich über Hedwig Hünicke dagegen ausgesprochen.[312] Die Gestapo vermutete geheime Beziehungen Ossietzkys zum Ausland, und Veröffentlichungen in der Exilpresse über ihn galten ihr dafür als Bestätigung. So wurde ein Mithäftling, Fritz Ausländer, im November 1934 nur deshalb nicht entlassen, weil er, wie Himmler begründete, wiederholt Kontakt zu Ossietzky gesucht habe und beide über Verbindungen ins Ausland verfügten.[313]

Dem Freundeskreis im Exil wurde bald bewußt, daß die Rettung von Ossietzkys Leben und schon gar seine Freilassung nicht allein über herkömmliche Wege wie diplomatische Interventionen und die Herstellung von Öffentlichkeit zu erreichen war. Die Friedensnobelpreis-Kampagne entstand aus dieser Einsicht.[314]

Nach der Verlegung vom KZ Sonnenburg in das KZ Esterwegen Mitte Februar 1934 äußerte sich in Ossietzkys Briefen erstmals auch Verzweiflung. In Sonnenburg hatte es für die Gefangenen immer wieder Anlässe zur Hoffnung gegeben, etwa die Entlassung einzelner, ein Gerücht von der bevorstehenden Auflösung des Lagers, die Erwartung einer Weihnachtsamnestie. Jetzt war Ossietzky in eines der großen emsländischen Moorlager gebracht worden[315], wo die Überlebenschancen für Menschen mit schwacher körperlicher Konstitution allein schon wegen der Schwerstarbeit im Moor geringer wurden.

Am Neujahrstag hatte ihn Maud, dieses Mal zusammen mit Hedwig Hünicke, noch einmal in Sonnenburg besuchen können. Im ersten Brief aus Esterwegen vom 25. März 1934 fragte er nach dem Erfolg eines Entlassungsgesuchs; am 28. März: *Ich hoffe sehnlichst, daß Deine Bemühungen doch endlich Erfolg haben werden*; am 30. März: *Das Warten wird schwer.*[316] Während des ganzen Jahres 1934 gibt es solche Äußerungen verzweifelten Hoffens in den Briefen.

Nach dem wiederum vergeblichen Warten auf eine Weihnachtsamnestie bleiben solche Äußerungen aus. Eindringlich rät er Maud ab, ihn zu besuchen. Die Reise sei zu kostspielig; wenn sie das Geld habe, solle sie es zurücklegen oder sich etwas Nötiges kaufen.[317] In Anbetracht seines bezeugten schlechten Gesundheitszustandes[318] fürchtete Ossietzky wohl um das seelische Gleichgewicht Mauds.

Als diese ihn dann doch Anfang Juli besuchte, schrieb er im nächsten Brief, deutlich an die Adresse der Zensoren gerichtet: *Du hast dich mit Deinen Augen überzeugen können, daß ich nicht schlecht aussehe und mich ganz wohlauf befinde, daß also bestimmte, wie man mich unterrichtet hat, im Ausland verbreitete Gerüchte nicht stimmen. Du wirst dich daran erinnern, daß der Kommissar Dir sagte, es wäre gut, wenn Du von dem, was Du gesehen hast, auch wirklich Gebrauch machen würdest.*[319] Diese Scheinbestätigung der von den Nazis über Ossietzkys Befinden verbreiteten Lügen hatte einen bestimmten Hintergrund: Am 28. Juni war im «Pariser Tageblatt» ein Artikel mit der Überschrift «Ossietzky in höchster Gefahr. Morddrohung des Kommandanten von Papenburg» erschienen. Ossietzky wurde eine Erklärung abgezwungen, daß diese Meldung nicht zutreffe, ja daß er noch nie mißhandelt worden sei.[320] Wie erwähnt, war er schon früher durch Artikel über ihn in der Exilpresse unter Druck

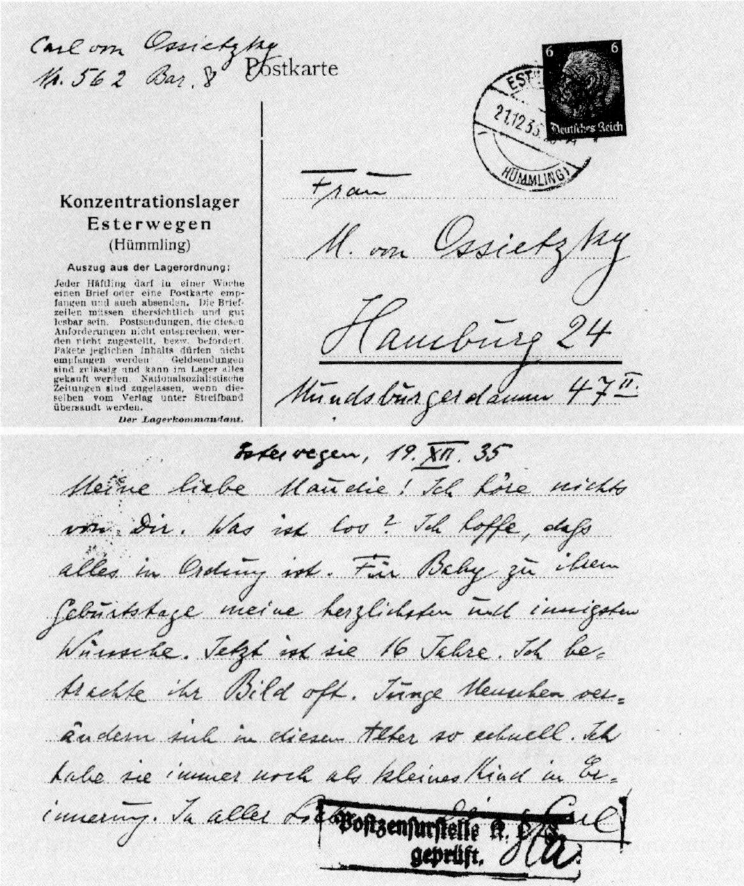

Carl von Ossietzky
Nr. 562 Bar. 8

Postkarte

6 Deutsches Reich 6

Esterwegen 21.12.35 (Hümmling)

Konzentrationslager Esterwegen
(Hümmling)

Auszug aus der Lagerordnung:

Jeder Häftling darf in einer Woche einen Brief oder eine Postkarte empfangen und auch absenden. Die Briefzeilen müssen übersichtlich und gut lesbar sein. Postsendungen, die diesen Anforderungen nicht entsprechen, werden nicht zugestellt, bezw. befördert. Pakete jeglichen Inhalts dürfen nicht empfangen werden. Geldsendungen sind zulässig und kann im Lager alles gekauft werden. Nationalsozialistische Zeitungen sind zugelassen, wenn dieselben vom Verlag unter Streifband übersandt werden.

Der Lagerkommandant.

Frau
M. von Ossietzky
Hamburg 24
Mundsburgerdamm 47 II.

Esterwegen, 19. XII. 35
Meine liebe Maudie! Ich höre nichts von Dir. Was ist los? Ich hoffe, dass alles in Ordnung ist. Für Baby zu ihrem Geburtstage meine herzlichsten und innigsten Wünsche. Jetzt ist sie 16 Jahre. Ich betrachte ihr Bild oft. Junge Menschen verändern sich in diesem Alter so schnell. Ich habe sie immer noch als kleines Kind in Erinnerung. In allen Li[ebe] … Carl

Postzensurstelle K. L.
geprüft.

Karte an Maud aus dem KZ Esterwegen

geraten und hatte um Unterlassung gebeten; sogar eine harmlose Postkarte seiner Tochter aus England war ihm angelastet worden.[321]

In dem Brief nach Mauds Besuch bringt er auch die Freude zum Ausdruck, sie – nach einem halben Jahr – wiedergesehen zu haben, «beherrscht und weit weniger nervös» als befürchtet. Seitdem sei er viel ruhiger. – Es war die Ruhe desjenigen, der die Angelegenheiten seiner Angehörigen einigermaßen geregelt weiß und sich seiner Krankheit zum Tode ergibt. Ossietzkys Briefe werden von da an kürzer; sie äußern weder Hoffnung für ihn selbst, noch enthalten sie die sonst obligatorischen

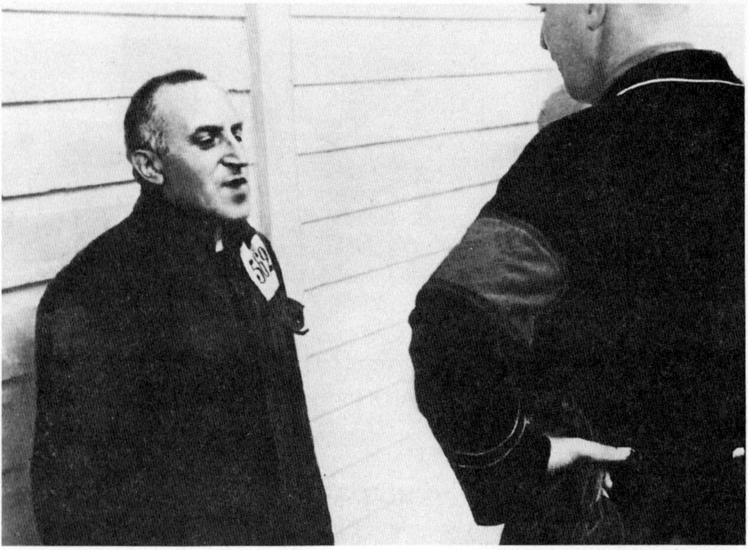

In Esterwegen

Ermunterungen für Maud. Auch sie scheint seltener geschrieben zu haben. Vom Dezember 1935 bis August 1936 – zu dem Zeitpunkt befindet sich Ossietzy bereits im Staatskrankenhaus Berlin – gibt es weder Briefe noch Karten von ihm. Wahrscheinlicher als eine Lücke in der Briefsammlung ist, daß sein körperliches und seelisches Befinden ihn am Schreiben hinderte.

Nimmt man die Feststellungen im Verkehr deutscher Behörden und ihre öffentlichen Verlautbarungen sowie Ossietzkys eigene Äußerungen in Briefen für bare Münze, war sein Gesundheitszustand bis zum Frühjahr 1936 kaum beeinträchtigt. So schrieb etwa der Gestapo-Chef Diels, der im April 1933 im KZ Sonnenburg den geschundenen Ossietzky kaum noch hatte erkennen können – jedenfalls nach seinen Erinnerungen von 1950 – , im Februar 1934 an das Auswärtige Amt, Ossietzkys Gesundheit habe sich während der Haft «in keiner Weise verschlechtert, sondern eher gebessert»[322]. Gemessen am Zustand nach den ersten Wochen in Sonnenburg, die nach allen Zeugnissen besonders schlimm waren, ist diese Feststellung vielleicht sogar richtig, was an ihrem Zynismus nichts ändert.

Diels Bericht an das Auswärtige Amt ging auf eine der zahlreichen Anfragen zurück, die, angeregt durch emigrierte Freunde Ossietzkys, Initiativgruppen oder bekannte Persönlichkeiten an die deutsche Regierung oder ihre Auslandsvertretungen richteten. Eine Anfrage von Lord

Ponsonby war denn auch der Anlaß für einen Bericht des Lagerarztes von Esterwegen[323], der von der Gestapo an das Auswärtige Amt geschickt wurde. Darin hieß es, Ossietzky fühle sich wohl, er sei gesund und arbeitsfähig. Das Auswärtige Amt gab diese Beurteilung an die Botschaft in London und auch an das tschechische Rote Kreuz weiter, das von Kurt Grossmann zu einer Anfrage veranlaßt worden war. Daß zu diesem Zeitpunkt der von Leidensgenossen bezeugte körperliche Schwächezustand Ossietzkys schon eine Dauererscheinung war, läßt sich auch aus seiner Einteilung von der schweren Moorarbeit zum Küchendienst schließen.[324]

Im Juli 1935 wurde der Kreisarzt Dr. Wittstamm aus Meppen von der Staatspolizei beauftragt, Ossietzky zu untersuchen. Er stellte stenokardische Anfälle fest, bescheinigte aber zugleich weitere Haftfähigkeit.[325] Hedwig Hünicke ließ nach ihrem und Mauds Besuch im selben Monat die Freunde im Ausland wissen, Ossietzky sehe aus wie ein Siebzigjähriger.[326] Carl Jacob Burckhardt, der das KZ Esterwegen im Auftrag des Internationalen Roten Kreuzes im Oktober 1935 besichtigte, stellte in seinem Bericht über Ossietzky fest: «Zustand des Gefangenen hoffnungslos.»[327] Über eine dramatische Verschlechterung des Gesundheitszustandes berichteten auch entlassene Häftlinge den Freunden in Paris und Prag. Diese Nachrichten und eine Rede von Goebbels am 11. März 1936, die unverhohlen eine Todesdrohung gegenüber Ossietzky enthielt[328], trieb die Freunde zu neuen Versuchen an, über das Rote Kreuz, die Quäker, die norwegische Botschaft in Berlin, Klarheit über sein Befinden zu gewinnen. Es gab auch die Idee, eine ausländische Ärztedelegation zu ihm zu senden oder seine Verlegung in ein Sanatorium zu erreichen.[329]

Wie wir heute aus den Akten wissen, war ihre gesteigerte Sorge berechtigt. Am 3. April 1936 schrieb der KZ-Inspekteur Theodor Eicke an den Reichsführer der SS Heinrich Himmler, nach Ansicht des Arztes müsse jeden Tag mit dem Ableben Ossietzkys gerechnet werden, gleichwohl bitte er, ihn in «Schutzhaft» zu lassen; die starken Bestrebungen, Ossietzky freizubekommen, ließen erwarten, daß er als Kronzeuge gegen Deutschland verwendet werde. Der Lagerkommandant habe Anweisung, Ossietzky sorgfältig ärztlich betreuen zu lassen und darüber Aufzeichnungen anzufertigen, um im Falle seines Todes mit wirksamem Material der dann einsetzenden «Greuelhetze» entgegenwirken zu können.[330] Ossietzky war kurz zuvor wiederum von einem Kreisarzt, Dr. Jungsbluth, untersucht worden, der unter anderem allgemeine Schwäche, Gliederschmerzen, Husten bis zum Erbrechen, Angstgefühle, klingendes Rasseln über und unterhalb der linken Lungenspitze festgestellt hatte.[331]

Wegen der beginnenden Friedensnobelpreis-Kampagne informierte der Leiter des Geheimen Staatspolizeiamtes, Reinhard Heydrich, im Mai 1936 den Preußischen Ministerpräsidenten Göring ausführlich über

Ossietzkys frühere pazifistische und publizistische Tätigkeiten und vermerkte als Besonderheit der Aktionen aus dem Ausland: «Der Schutzhaftfall von Ossietzky hat vor allen anderen von Anbeginn ein außerordentliches Interesse im Auslande gefunden, das entgegen der in ähnlichen Fällen gemachten Erfahrung im Laufe der Zeit keine Abschwächung, sondern eher eine Verstärkung erfahren hat. So ist von Ossietzky insbesondere von französischen, schwedischen, tschechoslowakischen und spanischen Friedensvereinigungen für den Nobel-Friedenspreis mehrfach vorgeschlagen worden. Aber nicht nur in Europa, auch in den Vereinigten Staaten von Amerika besteht ein großes Interesse.»[332] Heydrich gab an Göring die Information weiter, daß mit dem Ableben Ossietzkys gerechnet werden müsse, und schlug als vorbeugende Maßnahme vor, ihn entweder in das Lager Dachau zu verlegen oder ihm im KZ Esterwegen ein Einzelkrankenzimmer zu geben. Göring vermerkte handschriftlich auf diesem Bericht: «wenn möglich nach Berliner Krankenhaus wo Bewachung gesichert»; dies war auch die Anweisung, die er Heydrich in einem Antwortschreiben geben ließ.[333]

Auf persönliche Anordnung Görings gingen auch die genauen Überwachungsanweisungen zurück, die die Gestapo an den Direktor des Berliner Staatskrankenhauses am Vortag des Eintreffens von Ossietzky, dem 28. Mai 1936, gab. Bei Ossietzky handele es sich um einen «Schutzhaftfall» von «großer außenpolitischer Bedeutung».[334]

Es war das Jahr der Olympischen Spiele in Berlin. Dem Roten Kreuz wurde am 30. Mai mitgeteilt, Ossietzky sei nach Berlin zur «Ausheilung einer Mandelentzündung» überführt worden.[335] Am gleichen Tag wurde von einem Arzt des Staatskrankenhauses festgestellt, Ossietzky habe eine offene Tuberkulose und sei nicht haftfähig.[336] Die NS-Behörden gestanden diese Krankheit, die Folge der Lagerhaft war und zwei Jahre später zum Tode führte, nie ein. Im Oktober 1936 erklärte das Propagandaministerium in einem Kommuniqué, Ossietzky sei wegen eines Herzleidens in die politische Abteilung des Virchow-Krankenhauses überführt worden. Es werde geprüft, ihn freizulassen, damit das Ausland Deutschland nicht vorwerfen könne, daß Ossietzky im Gefängnis gestorben sei.[337]

Zwei ausländischen Ärztedelegationen aus Skandinavien[338] bzw. aus England gelang es nicht, bis zu Ossietzky vorzudringen; die englische wurde gar von der Gestapo bedroht.[339] Im Dezember 1936 plante die Gestapo, ihn wieder in ein Strafgefängnis, nach Glatz, zu bringen, weil sie in der ständigen Überwachung Ossietzkys Probleme sah. Er war kurz zuvor in das für ihn erträglichere Nordend-Sanatorium mit dem fürsorglichen Leiter Dr. Dosquet gekommen. Göring hatte der Überführung nach Glatz schon zugestimmt. Vermutlich wurde sie nicht mehr durchgeführt, weil der Zustand Ossietzkys eine Flucht ausschloß und der Arzt des Nordend-Sanatoriums mit keiner langen Lebenszeit mehr für ihn rechnete.

Olympiade in Berlin, Sommer 1936: Auf der Ehrentribüne (v. l. n. r.): Werner von Blomberg, Rudolf Heß, Wilhelm Frick, Baillet-Latour, Hitler, Umberto II. von Italien, Theodor Lewald, Joseph Goebbels, Hermann Göring und (unter der Kamera) Leni Riefenstahl

Einzug der Nationen ins Berliner Olympiastadion

Es war dies auch der Grund für Maud, ganz zu ihrem Mann ins Sanatorium zu ziehen, wo die beiden so lange Getrennten noch etwas mehr als ein Jahr im Schatten des Todes zusammenlebten, in einem kleinen, überaus dürftig ausgestatteten Zimmer und unter ständiger Überwachung.[340]

Schreib uns bitte öfter, bat Ossietzky Rosalinda, *denn wir möchten immer wissen, wie es Dir geht. Unser Leben hier ist ganz ereignislos, wir haben nicht viel mitzuteilen. [...] wir denken viel an Dich, und Du bist unser großes Unterhaltungsthema.*[341] Vorsichtig gibt er der Tochter Ratschläge, in ihren Berufsplänen – Rosalinda schwebte eine Theaterkarriere vor – *den Erdboden nicht unter den Füßen zu verlieren und möglichst realistisch zu bleiben. [...] ich möchte Dir gern Ausflüge ins Unerreichbare ersparen. Sie sind gelegentlich ganz amüsant, aber nachher kommt der Kater.*[342]

Drei Wochen vor Ossietzkys Tod, im April 1938, gelang es dem norwegischen Ehepaar Finn und Inger Lie, sich zu den Ossietzkys durchzufragen. Ossietzky war schon dauernd bettlägerig, so daß man die Personenüberwachung laxer handhabte. Der Besuch muß Ossietzky wie die Erscheinung aus einer anderen Welt berührt haben: zwei junge Pazifisten, die in Norwegen von ihm gehört hatten und unbedingt etwas für ihn tun wollten, die seine politischen Überzeugungen teilten und mit denen er frei sprechen konnte. Sie berichteten darüber wenige Tage nach Ossietzkys Tod im Osloer «Dagbladet».[343] Ihr Optimismus, für seine Freilassung und Genesung noch etwas tun zu können, habe sich ihm für den Augenblick übertragen. Selbst wenn es nicht klappt, soll er beim Abschied gesagt haben, so hat es mir etwas gegeben, von dem ich lange lebe.

Die Friedensnobelpreis-Kampagne

Kein anderer Aktionszusammenhang von Exilierten gegen das nationalsozialistische Deutschland hat das Ausmaß der Nobelpreis-Kampagne für Carl von Ossietzky erreicht. Niemals vorher und nachher wirkten Akteure so verschiedener politischer Herkunft aus so vielen Ländern zusammen. Nach ihrem Beginn wurde sie erstaunlich schnell über die Initiatoren hinaus zu einem Kampf des in die Emigration vertriebenen Geistes gegen die NS-Macht um die Aufmerksamkeit der Weltöffentlichkeit.

Die Kampagne [344] gründete sich zu keiner Zeit auf einen festen organisatorischen Zusammenhalt. Wie in den einzelnen Ländern und Großstädten war der «Freundeskreis Carl von Ossietzky» auch als Ganzes lediglich ein Arbeitszusammenhang, der von der Initiative und Aktivität einzelner in Gang gehalten wurde. Immer wieder bedurfte es gegenseitiger Autorisierung zu Verhandlungen oder Geldeinwerbungen durch Referenzen. So mußte etwa Willy Brandt, der bis September 1936 außerordentlich effektiv für die Kampagne in Norwegen und Schweden arbeitete, Hilde Walter einmal um einen Ausweis bitten, der ihn als bevollmächtigten Vertreter des Freundeskreises bestätigte, um leichter an Spenden zu kommen.[345]

Diese Struktur des sich über viele Länder (Frankreich, Tschechoslowakei, Schweden, Norwegen, Schweiz, England, USA) erstreckenden Kreises hatte den Vorzug, völlig unbürokratisch und für Einzelinitiativen offen zu sein; sie hatte aber den Nachteil, mit erheblichem Aufwand an Schriftverkehr einen permanenten Prozeß gegenseitiger Abstimmung in Fluß halten zu müssen, der um so prekärer war, als die politischen Grundüberzeugungen keineswegs übereinstimmten und auch persönliche Rivalitäten um Dominanz nicht ausblieben.

In der Pariser Gruppe liefen von Anbeginn die Fäden zusammen, zuerst bei von Gerlach, der nach innen und außen allerseits als Regisseur akzeptiert wurde, nach seinem Tod im August 1935 bei Hilde Walter. Sie wandte ihre ganze Zeit und Kraft für die Kampagne auf und betrieb diese geradezu professionell, jedoch wurde sie nicht, wie von Gerlach, widerspruchslos als Federführende anerkannt. Neben den schon genannten Konflikten

Hellmut von Gerlach in Paris, 1935.
Foto: Fred Stein

(über Veröffentlichungen, Geldzahlungen) gab es auch Uneinigkeit über die Zusammenarbeit mit Kommunisten, denen die Sozialdemokratin Walter mißtraute. Wenn Exilkommunisten für Ossietzky agierten, geschah dies stets in einem Atemzug mit der Agitation für Ernst Thälmann und Carlo Mierendorff, worin Walter geradezu eine Lebensgefährdung Ossietzkys sah. Während die Taktik des Prager Kreises primär darin bestand, durch Berichte über Ossietzky nach Auskünften von entlassenen oder entflohenen Häftlingen sowie durch die Anfertigung des Memorandums «Rettet Carl von Ossietzky»[346] auf die Weltöffentlichkeit einzuwirken, gingen die Pariser Freunde davon aus, daß für Ossietzky eine Agitation hinter den Kulissen ungefährlicher und wirksamer sein müßte. Sie organisierten Presseberichte, gewannen – oft über inländische Mittelsleute – Politiker, Künstler und Wissenschaftler zur öffentlichen Stellungnahme bzw. für Eingaben an das Nobel-Komitee, ersuchten auf dem gleichen Wege um Geldspenden und hielten engen Kontakt zu den Initiativgruppen in anderen Ländern. – Diese Feststellungen zur Differenz in der Taktik stimmen freilich nur als Tendenz; auch von Gerlach schrieb im «Pariser Tageblatt» über Ossietzky, und auch Kurt Grossmann bediente sich der Kulissenwege.

Der erste Schritt der Friedensnobelpreis-Kampagne war kein planmäßiger Beginn; sie entstand prozeßhaft im Bewußtsein und Handeln der Akteure. Dieser erste Schritt in der Öffentlichkeit war ein Artikel Georg Bernhards am 16. April 1934 im «Pariser Tageblatt»[346], der einzigen Tageszeitung der deutschen Emigration. Im Jahre 1933 war der Preis nicht vergeben worden, und Bernhard stellte die Frage, ob das Komitee für 1934 wiederum keinen Kandidaten finden werde. Bisher, so gab er zu überlegen, sei der Preis an Personen verliehen worden, die sich literarisch für den Frieden engagiert hatten, oder an friedenspolitisch wirksame Politiker. Vielleicht sei jetzt der Zeitpunkt, einen Pazifisten mit dem Preis zu ehren, der zum «Märtyrer einer Idee» geworden sei: wie Carl von Ossietzky. Bernhard schloß mit den Sätzen: «Man hat bisher Propagandisten des Wortes und Propagandisten der Tat belohnt. Die Propagandisten des Leidens scheinen dieses Preises nicht weniger wert zu sein.»[347]

Merkwürdig ist an dieser Begründung erstens die positive Wendung des Begriffs Propaganda, zweitens und vor allem aber, daß nahegelegt wird, Ossietzky habe seinen Leidensweg gleichsam als Kampfmittel für den Frieden gewählt. War diese Argumentation schon in der Sache höchst zweifelhaft, so erwies sie sich schon bald auch als strategisch falsch. Das Osloer Nobel-Komitee zeigte nämlich wenig Neigung, einem außerhalb der deutschen Öffentlichkeit kaum bekannten pazifistischen Publizisten, den die Nationalsozialisten wie viele Oppositionelle inhaftiert hatten, den Preis zuzuerkennen. Dabei spielte auch die opportunistische Haltung norwegischer Konservativer gegenüber der Hitler-Regierung eine Rolle.

Bernhards Initiative folgten bald andere, zum Beispiel von Berthold Jacob, der den Vorschlag über seinen Straßburger Pressedienst nur wenig später verbreitete und ihn auch gleich beim Nobel-Komitee einreichte. Das gleiche tat die Prager Sektion der Liga für Menschenrechte (Kurt Grossmann).[348] Die Vorschlagsfrist gemäß den Statuten des Komitees war zu diesem Zeitpunkt für 1934 freilich schon verstrichen, so daß der Einreichung nur noch eine demonstrative Bedeutung zukam. Von Gerlach trug deshalb im September 1934, wiederum im «Pariser Tageblatt», die Idee vor, Ossietzky den nicht vergebenen Preis von 1933 zuzuerkennen. Die international renommierten Schriftsteller Heinrich Mann, Romain Rolland, Arnold Zweig und Lion Feuchtwanger unterstützten die Idee mit eigenen Begründungen.[349]

Erfolg beim Nobel-Komitee hatten diese ersten Versuche nicht, aber sie brachten Ossietzky als Kandidaten ins Gespräch. Von Gerlach unternahm im Januar 1935 einen neuen Anlauf, indem er, rechtzeitig vor Ablauf der Einreichfrist am 31. Januar, Ossietzky förmlich als Kandidaten vorschlug.[350] Zuvor hatte ihn der Norweger Christian Lange, selbst Mitglied des Osloer Nobel-Komitees und mit von Gerlach von früher bekannt, darauf hingewiesen, daß in der Begründung des Vorschlags nicht die Befreiung Ossietzkys im Vordergrund stehen dürfe, sondern eine Einschätzung seiner Wirksamkeit als Vorkämpfer des Friedens.[351] Von Gerlach fertigte denn auch eine entsprechende Denkschrift an, in der Ossietzkys vielseitige pazifistische Aktivitäten und sein publizistischer Kampf gegen den Militarismus mit den daraus folgenden Prozessen gegen ihn dargestellt wurden. Als Kronzeugen zitierte er Thomas Mann, der das Gnadengesuch der Verteidiger an den Reichspräsidenten vor Ossietzkys Antritt der Gefängnisstrafe unterstützt hatte,[352] und den liberalen Verteidiger Ossietzkys im «Weltbühne»-Prozeß, Max Alsberg.

Dem «Freundeskreis» in Paris war indessen bewußt, daß ohne die Unterstützung weiterer Vorschlagsberechtigter kaum Chancen für Ossietzky in Oslo bestünden. Von Gerlach sprach deshalb Ludwig Quidde an, der als früherer Friedensnobelpreisträger vorschlagsberechtigt war. Quidde unterstützte von Gerlachs Eingabe, wenn auch nicht ohne Vorbehalt, wie der diesem mitteilte.[353] Das kam nicht zuletzt darin zum Ausdruck, daß er gleichzeitig seinen alten Kontrahenten in der Deutschen Friedensgesellschaft, den ebenfalls von den Nazis inhaftierten Fritz Küster, vorschlug. Ernst Toller gelang es in England, den als Professor für Politikwissenschaft Vorschlagberechtigten Harold Laski für eine Eingabe zu gewinnen. Über Albert Einstein konnte die Friedensnobelpreisträgerin von 1931, Jane Addams, gewonnen werden; Hilde Walter wertete das als die «stärkste moralische Unterstützung dieser politisch unbequemen Kandidatur»[354].

Die Gewinnung von Vorschlagsberechtigten für 1935 stand unter größtem Zeitdruck. Nach Ablauf des Termins konnte jedoch weiter für die Unterstützung der eingereichten Vorschläge geworben werden. Tucholsky schrieb deshalb an Norman Angell, der im Juni in Oslo seine Dankesrede für den verspätet zuerkannten Preis von 1933 halten sollte. «Ich lege für ihn Zeugnis ab: Carl von Ossietzky ist der Vorkämpfer des militanten Pacifismus in Deutschland gewesen – ein Beispiel für uns alle, ein Vorbild, ein Führer gegen die ‹große Täuschung› –: gegen den Krieg.»[355] Angell hatte sich freilich schon für Lord Cecil als Kandidaten eingesetzt, so daß Tucholskys Appell an ihn, ebenso wie diejenigen von Einstein und Grossmann, erfolglos bleiben mußte.

In den USA setzten sich Einstein, Otto Nathan, Kurt Rosenfeld, Werner Hegemann und die Emigrantenvereinigung «Wendekreis» für Ossietzky ein; der Kreis sammelte über die New Yorker «Neue Volkszeitung» Unterschriften und reichte sie an das Osloer Komitee weiter.[356] In England waren es vor allem Rudolf und Ika Olden, Ernst Toller, Frederic A. Voigt, in Schweden Mia Leche Löfgren, Kurt Deutsch (später Singer), Paul Olberg, Kurt Tucholsky, in der Schweiz Ernst Rosenbusch, Konrad Heiden, Hans Oprecht, Gustav Hartung, die an der Kampagne kräftig mitwirkten, teils in Länderkomitees, teils als Einzelakteure.

Im Oktober 1935 schickte Thomas Mann eine mehrseitige Laudatio an das Komitee, in der das Pathos von Beethovens «Fidelio» in allen Zeilen mitschwang.[357] Ludwig Marcuse äußerte später dazu: «Dieses Gutachten ist vielleicht das beste Stück streitbarer Journalistik in unserem Exil gewesen. Es ehrte Ossietzky, indem es in seiner Melodie komponiert war. Nachdem wir begriffen hatten, was das Wort nicht vermag, wurden wir wieder daran erinnert, wessen es immer noch fähig ist.»[358]

Es versteht sich, daß den Nazis in Deutschland die Nobelpreis-Kampagne höchst ungelegen kam. In einer Zeit, da sie sich immer noch als Friedenspolitiker darstellten, da zudem die Olympischen Spiele in Berlin bevorstanden, mußten sie die mögliche Vergabe des Friedensnobelpreises an einen von ihnen inhaftierten Pazifisten als totale Infragestellung ihrer Glaubwürdigkeit begreifen.

Thomas Mann, 1936. Foto: Lotte Jacobi

Schon im Oktober 1934 hatte der Chef der Gestapo die interne Anweisung gegeben, Material über die «staatsfeindliche Einstellung» Ossietzkys für die Weitergabe an das Auswärtige Amt zusammenzustellen.[359] Dieses sollte über die deutsche Botschaft in Stockholm an den schwedischen König und die schwedische Regierung weitergegeben werden, die für zuständig gehalten wurden. Diese simple Unkenntnis über den Ort und die Institution des Friedensnobelpreises zeigt recht drastisch, in welcher unendlichen Ferne die Gestapo zu diesem Preis stand. Auftragsgemäß wurde alles aufgelistet, was Ossietzky für die Nazis so gefährlich machte: «Von Ossietzky, der seit 1912 der Deutschen Friedensgesellschaft als Mitglied angehörte, hat seit Kriegsende jahrelang durch seine schriftstellerische Tätigkeit in den verschiedensten Zeitungen und Zeitschriften in ganz besonders hetzerischer und volkszersetzender Weise Propaganda getrieben. Er hat u.a. für die marxistischen Zeitungen ‹Die Berliner Volkszeitung› und den ‹Montag Morgen› sowie für die ‹Wochenschrift›, das ‹Tagebuch› Leitartikel geschrieben. Ferner war er maßgebend an der Organisierung der ‹Nie-Wieder-Krieg›-Bewegung beteiligt, die die übel berüchtigten alljährlich Anfang August stattfindenden ‹Nie-Wieder-Krieg›-Demonstrationen abhielt. Seit Ende 1926 übernahm er als verantwortlicher Redakteur die Leitung der pazifistischen Zeitschrift ‹Die Weltbühne›. Seine Mitarbeiter setzten sich ausschließlich aus Kreisen zusammen, die in ihrer feindlichen Einstellung und in ihrem blindwütigen Haß gegen alles Nationale die Ehre des Deutschen Volkes ständig in den Schmutz zu ziehen bestrebt waren. Es sei nur darauf hingewiesen, daß die jetzt im

Auslande befindlichen Emigranten Tucholski, Förster, Helmut von Gerlach, Kurt Hiller, Sternberg usw. Leitartikel für die ‹Weltbühne› geschrieben haben.»[360]

Während dieses politische Schuldregister nur denjenigen imponieren konnte, deren politisches Weltbild Affinitäten zu dem der Nationalsozialisten aufwies, hatte die genaue Aufführung der Verurteilungen Ossietzkys in politischen Prozessen bis 1933 – Verurteilungen «trotz der in der Systemzeit für Landes- und Volksverräter geübten milden Rechtsprechung» [361] – eine Chance, auch bei liberalen Skandinaviern Zweifel oder gar Ablehnung hervorzurufen.

Unerwartete Unterstützung erhielten die Bestrebungen der NS-Behörden durch einen Mann, dessen Schriften Ossietzky sehr schätzte: Knut Hamsun. Dieser wandte sich polemisch gegen wiederholte Aufrufe, Ossietzky freizulassen und ihm den Friedensnobelpreis zuzuerkennen, denn Ossietzky, so Hamsun, habe seine Haft bewußt provoziert. Ganz im Sinne der Nationalsozialisten, die diese Schützenhilfe selbstverständlich freudig aufnahmen und publizistisch weidlich ausschlachteten, endete Hamsun: «Wäre es nicht besser, wenn Herr Ossietzky in dieser schweren Übergangszeit, wo eine ganze Welt gegen die Behörden des großen Volkes, dem er zugehört, die Zähne fletscht, einen positiven Einsatz leistete? Was will er – will er als Friedensfreund nunmehr gegen die deutsche Aufrüstung demonstrieren? Sähe dieser Deutsche lieber sein Land weiterhin geknechtet und erniedrigt unter den Völkern, französischer und englischer Gnade freigegeben?»[362]

Knut Hamsun

Die Wirkung des Artikels war jedoch kontraproduktiv. Mimi S. Lunden und Willy Brandt, die beiden wichtigsten Kontaktpersonen des Freundeskreises in Norwegen, schrieben an Hilde Walter, Hamsuns infamer Artikel habe die norwegische und darüber hinaus die ganze skandinavische

Öffentlichkeit derart empört, daß er zu einem positiven Effekt für Ossietzky geworden sei.[363]

Am 10. Dezember, so glaubten alle Akteure der Kampagne, werde der Preisträger wie im vorangegangenen Jahr in Oslo bekanntgegeben. Mit Blick auf dieses Datum wuchs die Spannung. Hilde Walter sprach in einem Rundbrief die Befürchtung aus, es könne das Todesurteil für Ossietzky bedeuten, wenn er den Preis nicht erhalte.[364] Völlig überraschend wurde die Entscheidung für 1935 schon am 19. November verkündet: der Preis wurde vorerst nicht vergeben.

Willy Brandt, Mitte der dreißiger Jahre.
Foto: Fred Stein

Hilde Walter reagierte zum Schutze Ossietzkys sofort; sie lancierte eine Nachricht in französische Zeitungen, daß Genfer Kreise Ossietzkys Kandidatur für 1936 vorschlagen würden. Die Initiative dazu sei noch von der kürzlich verstorbenen Jane Addams ausgegangen.[365] Sofort begann auch die Arbeit für die Kandidatur des folgenden Jahres. Eine «vertrauliche Werbeschrift» wurde zusammengestellt, unter anderem mit einem Beitrag von Heinrich Mann[366] und dem schon vorliegenden Text von Thomas Mann, wobei letzterer seine Zustimmung nur unter der Bedingung gab, daß die Exemplare der «Werbeschrift» numeriert und zurückgegeben würden.[367]

Obwohl die Zeit bis zum 31. Januar wiederum kurz bemessen war, zahlte sich jetzt die Arbeit an der Kampagne für 1935 aus. Toller und Olden gewannen mehrere international bekannte Professoren in England; Ernst Rosenbusch und dem Nationalrat Hans Oprecht gelang Gleiches bei 125 Mitgliedern der Schweizer Bundesversammlung[368], durch Brandts Vermittlung schlug die Storting-Fraktion der norwegischen Arbeiter-Partei Ossietzky vor[369]; durch die Prager Freunde wurden 46 Mitglieder des tschechoslowakischen Parlaments und Senats gewonnen; in Frankreich unterzeichneten 163 Parlamentarier und Senatoren sowie zahlreiche Professoren. Eine Art Schneeballeffekt war wirksam geworden, vor allem unter den Wissenschaftlern, so daß oftmals gar nicht mehr die Mitglieder des «Freundeskreises» die Ansprechenden zu sein brauchten. Sieht man die Liste der Vorschlagenden durch, erkennt man viele auch heute noch in der Wissenschaft bekannte Namen aus fast allen Teilen West- und Nordeuropas.[370]

Mit der eindrucksvollen Liste von 84 Gruppen und Einzelpersonen waren indes längst nicht alle Bedenken gegen Ossietzky als Kandidaten im Osloer Nobel-Komitee ausgeräumt. Frede Castberg, einer der wissenschaftlichen Berater des Komitees und später Gutachter zugunsten Ossietzkys, verlangte von Hilde Walter bei einem Treffen in Genf unwiderlegbare Beweise dafür, daß Ossietzky nicht zu den deutschen Pazifisten gehört habe, die Geld aus dem Ausland bezogen hatten. Des weiteren sollte bewiesen werden, daß die Behauptung falsch sei, Ossietzky habe sich durch die Kommunisten vereinnahmen lassen und sei ein Anhänger der Sowjet-Diktatur geworden. Der Nachweis ist aus Ossietzkys Schriften eigentlich leicht zu erbringen, sofern man diese zur Verfügung hat; Hilde Walter mußte dafür einige Tage in einer Genfer Bibliothek arbeiten. Schließlich, so forderte Castberg, müsse zu einem in einer dänischen Zeitung veröffentlichten Interview mit Ossietzky Stellung genommen werden, nach dem dieser sich jetzt zum Nationalsozialismus bekenne. Das «Interview», das international einiges Aufsehen erregt hatte, enthielt tatsächlich entsprechende Äußerungen, nur hatte es nie stattgefunden und war eine kurzsichtige Intrige der Gestapo, die sie lächerlicherweise dann auch noch den Freunden Ossietzkys anzulasten versuchte.[371]

Zu einem Hindernis drohte immer wieder die von den Nazis in ihrer Gegenkampagne ins Spiel gebrachte Verurteilung Ossietzkys als «notorischer Landesverräter» zu werden. Brandt und Lunden unterrichteten Hilde Walter, daß auch der Berater des Nobel-Komitees Keilhau, später der zweite Ossietzky-Gutachter, sich über mangelnde Informationen zu den Umständen von Ossietzkys Verurteilung beklagt hatte. Nur wenige im Ausland wußten um die massive Rechtslastigkeit der deutschen Justiz und insbesondere des Leipziger Reichsgerichts in der Weimarer Republik. Da das Reichsgericht im «Weltbühne»-Prozeß vorsorglich die Öffentlichkeit ausgeschlossen hatte und das schriftliche Urteil den Verteidigern nur kurz zur Einsicht überlassen worden war, ließ sich der Nachweis eines Fehlurteils über Gutachter nicht erbringen, schon gar nicht unter den Bedingungen des Exils. Der «Freundeskreis» beschritt deshalb den Weg, eidesstattliche Erklärungen von den Verteidigern Ossietzkys im «Weltbühne»-Prozeß, Alfred Apfel, Rudolf Olden und Kurt Rosenfeld, einzuholen. Der vierte, Max Alsberg, hatte im Exil den Freitod gewählt. Die Verteidiger erklärten, daß weder das Reichsgericht noch das Reichsjustizministerium Ossietzky ehrlose Handlungen unterstellt hätten.[372]

Für die Hitler-Regierung sanken die Chancen, durch diplomatischen Druck die Preisvergabe an Ossietzky zu verhindern, als der norwegische

Außenminister Koht und der frühere Ministerpräsident Mowinckel ihre Mitgliedschaft im Nobel-Komitee aufgaben und durch Mitglieder ersetzt wurden, die nach Notizen des deutschen Botschafters in Oslo, Sahm, unbeeinflußbar waren. Den Nazis blieb nur noch die Drohung, die deutsche Walfangflotte, die in Konkurrenz zur norwegischen stand, beschleunigt auszubauen [373] und die Verleihung des Preises als «feindliche Handlung» gegenüber Deutschland zu erklären.[374] Die Zuerkennung des Preises – Ossietzky erhielt den für 1935, der argentinische Außenminister Carlos Saavedra Lamas den für 1936 – wurde durch diese Drohungen nicht mehr verhindert, die deutsche Regierung und der von ihren Drohungen beeinflußte Teil der norwegischen Öffentlichkeit [375] erreichten lediglich, daß der norwegische König ungewöhnlicherweise der Preisverleihung am 10. Dezember 1936 fernblieb.

Auch der Versuch Görings, Ossietzky in einem persönlichen Gespräch zur Ablehnung des Preises zu bewegen, unter anderem mit dem Angebot einer Lebensrente, scheiterte.[376] Hitler reagierte auf diese Niederlage mit dem Verbot für alle Deutschen, in Zukunft einen Nobelpreis, ob aus Oslo oder Stockholm, anzunehmen, und ließ als Ersatz durch Göring im Reichstag die Stiftung eines Deutschen Nationalpreises verkünden.[377]

Ossietzky erhielt die Nachricht von der Zuerkennung des Preises per Telegramm am 24. November im Berliner Westend-Krankenhaus. Fünf

Mit ausländischen Journalisten im Krankenhaus Westend, Ende November 1936

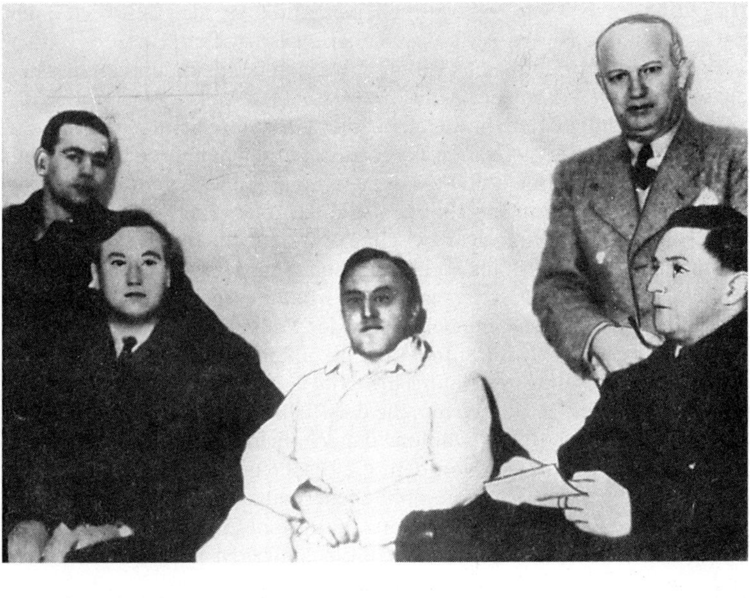

Tage später konnte er sich erstmals vor Vertretern der ausländischen Presse äußern. Es bestehe die Aussicht, sagte er, den Preis persönlich in Oslo in Empfang nehmen zu können. Er werde jedoch alles tun, um Spannungen zwischen Norwegen und Deutschland zu vermeiden. Wie schon im Gespräch mit Göring versicherte er auch den Journalisten, Pazifist geblieben zu sein. Nach Deutschland wolle er nicht mehr zurückgehen, aber die Verleihung an ihn dürfe nicht zur politischen Demonstration werden.[378]

Allseits wurde nun mit Spannung erwartet, ob er freigelassen werden würde und zum Empfang des Preises nach Oslo reisen könne. Tatsächlich war es zunächst die Absicht der deutschen Regierung, Ossietzky die Reise zu gestatten; Hitler äußerte sich in diesem Sinne gegenüber dem Botschafter Sahm und fügte hinzu, Ossietzky werde dann ausgebürgert.[379] Göring gab Heydrich jedoch am 1. Dezember die Anweisung, Ossietzky die Ausreise vorläufig nicht zu gestatten.[380]

Daran änderte sich nichts mehr; Ossietzkys Äußerung, daß er nach wie vor Pazifist sei, wurde von der Gestapo-Führung als Bestätigung seiner fortbestehenden Gegnerschaft zu Nazi-Deutschland verstanden.[381] So fehlte bei der Preisverleihung am 10. Dezember 1936 in Oslo nicht nur der König, als Repräsentant des den Preis vergebenden Landes, sondern auch der Preisträger.

Um den Großteil des Preisgeldes von 159 916,74 Kronen wurde Ossietzky betrogen, so daß nach seinem Tod nur noch etwa 20 000 RM übriggeblieben waren. Daß dies auf Machenschaften der Gestapo zurückzuführen ist, wie gelegentlich behauptet wurde, läßt sich nicht nachweisen und ist den Akten nach eher unwahrscheinlich.[382]

Es war ein Anwalt namens Wannow, wegen Unregelmäßigkeiten schon zuvor mit dem Verbot der selbständigen Amtstätigkeit belegt, der das Geld unterschlug. Maud hatte ihn in einer Gaststätte kennengelernt, und es gelang ihm, das Vertrauen Ossietzkys zu gewinnen, der ihn bevollmächtigte, das Preisgeld in Oslo abzuholen und über seinen Tod hinaus zu verwalten.[383] Wannow schickte seine Sekretärin nach Oslo, um das Geld entgegenzunehmen. Inzwischen war jedoch auch Hilde Walter, Schlimmes ahnend[384], unter erheblichen Schwierigkeiten nach Oslo gereist.[385] Sie intervenierte beim Nobel-Komitee und zweifelte die Gültigkeit von Ossietzkys Unterschrift auf der Vollmacht der Sekretärin an. Die Bank verweigerte daraufhin die Auszahlung und verlangte eine notarielle Beglaubigung der Unterschrift, die über den diplomatischen Weg eingeholt wurde.[386] Hilde Walter, die das Richtige tat, aber ohne formelle Grundlage, konnte die Auszahlung danach nicht mehr verhindern.

Wannow bediente sich von dem Geld sehr großzügig mit «Spesen», vergab Darlehen an Bekannte ohne Sicherheiten und kaufte schließlich ein Kino, die «Eden-Lichtspiele» in Charlottenburg, das er auf den Namen des Vaters seiner jungen Freundin eintragen ließ. Als Ossietzky

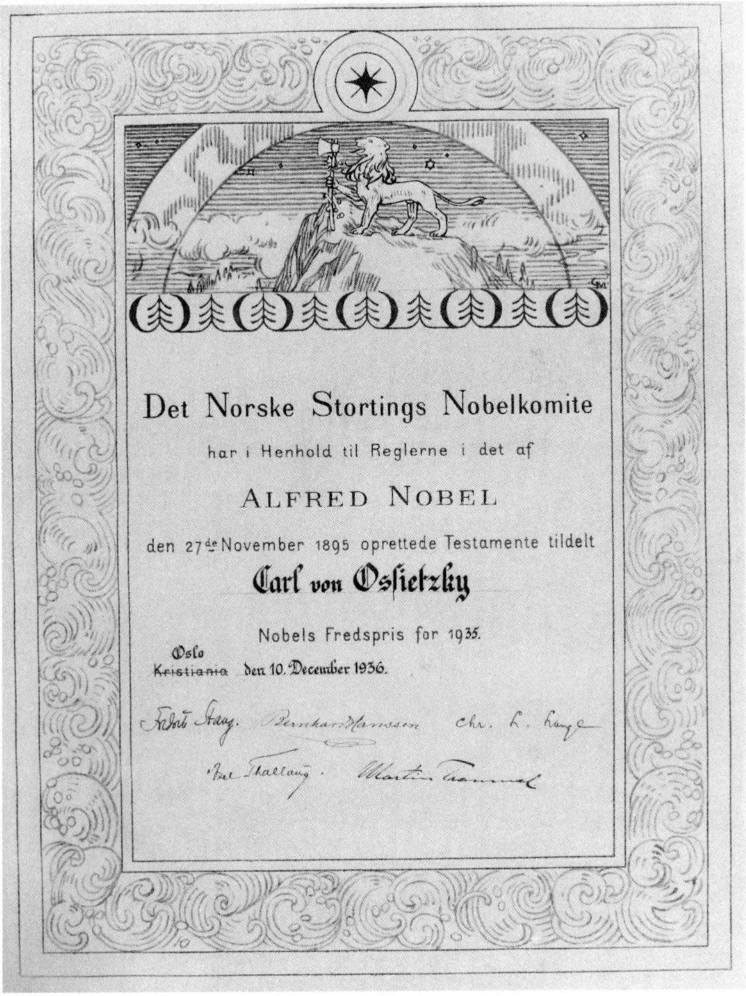
Det Norske Stortings Nobelkomite

har i Henhold til Reglerne i det af

ALFRED NOBEL

den 27de November 1895 oprettede Testamente tildelt

Carl von Ossietzky

Nobels Fredspris for 1935.

Oslo ~~Kristiania~~ den 10. December 1936.

endlich mißtrauisch wurde und Wannow ihm auch noch drohte, ihn wieder ins KZ zu bringen, beauftragte er seinen ihm freundschaftlich verbundenen Arzt, Dr. Dosquet[387], seine Geldangelegenheiten wahrzunehmen. Es war indessen schon zu spät. Ein Prozeß gegen Wannow, in dem Ossietzky als Zeuge aussagen mußte[388], brachte zwar die Verurteilung des Betrügers, aber nicht die Rückgabe des Geldes.

Die letzten Fotos:
Frühjahr 1938,
in der Wohnung
des Arztes Hans
Dosquet. Rechts
Frau Dosquet

Mit dem Geld ging auch die Hoffnung auf Genesung in einem guten Sanatorium verloren, die Ossietzky nach der Preisverleihung wohl gehegt hatte. Jedenfalls vermerkte die Gestapo am 21. Dezember 1936, daß «mit seiner zunehmenden Erholung und der damit verbundenen Gesundung eine wahrnehmbare Verstärkung seiner alten pazifistischen Gesinnung zu verspüren»[389] sei.

Ossietzky verlebte den Rest seines Lebens abgeschlossen von der Welt unter strenger Polizeibewachung in einem armseligen Zimmer im Berliner Sanatorium Nordend. Er starb am 4. Mai 1938.

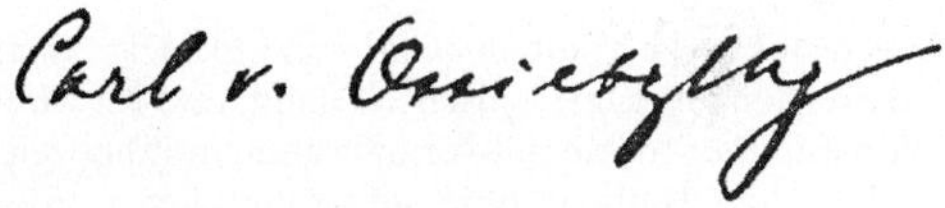

Anmerkungen

Verwendete Abkürzungen:
Artikel und Lebensdokumente, die in «Carl von Ossietzky: Sämtliche Schriften» abgedruckt sind, werden mit der (römischen) Band- und der (arabischen) Artikel- bzw. Dokumentennummer (diese mit vorangestelltem D) bezeichnet.
Publikationen, die in der Bibliographie aufgeführt sind, werden in den Anmerkungen mit dem Autorennamen und dem Erscheinungsjahr angeführt.

BArchK	Bundesarchiv Koblenz
BArchP / MA	Bundesarchiv / Militärarchiv Freiburg
BT	Berliner Tageblatt
BVZ	Berliner Volks-Zeitung
DFG	Deutsche Friedensgesellschaft
DLA	Deutsches Literaturarchiv, Marbach
DLfM	Deutsche Liga für Menschenrechte
FV	Das Freie Volk
GStA PK	Geheimes Staatsarchiv Preußischer Kulturbesitz, Berlin
IfZ	Institut für Zeitgeschichte, München
IISG	Internationales Institut für Sozialgeschichte, Amsterdam
LA	Landesarchiv
MJ	Das Monistische Jahrhundert
MMDM	Monatliche Mitteilungen des Deutschen Monistenbundes, Ortsgruppe Hamburg
MMH	Monistische Monatshefte
NI	Nobelinstitut, Oslo
NL	Nachlaß
OA	Ossietzky-Archiv der Carl von Ossietzky Universität Oldenburg
PA AA	Politisches Archiv des Auswärtigen Amtes, Bonn
StAH	Hamburger Staatsarchiv
StBK	Staatsbibliothek Preußischer Kulturbesitz
SUBH	Staats- und Universitätsbibliothek Carl von Ossietzky Hamburg
TB	Das Tage-Buch
UCL	University College London
VF	Der Völker-Friede
WaM	Welt am Montag
WB	Die Weltbühne

1 Archiviert im StaH, Personalakte Ossietzkys: B 109. Es sind vier Fassungen des Lebenslaufes erhalten, zwei im StaH, zwei im OA

2 Über den Adelstitel gibt es eine Reihe von Familienlegenden, eine soll Ossietzky selbst oft erzählt haben, wie sein Freund Berthold Jacob überliefert: Ein Vorfahre der Ossietzkys sei vom Großen Kurfürsten in den Adelsstand erhoben worden, zusammen mit den Angehörigen von zwei polnischen Regimentern. Sie hätten den Titel als Entschädigung bekommen, als die Kriegskasse einmal leer war und man ihnen keinen Sold zahlen konnte.
Ossietzkys Tochter Rosalinda von Ossietzky-Palm weiß über den Wappenring zu berichten, den ihr Vater stets am Finger trug und der einen zu- und einen abnehmenden Mond mit einem Schwert zeigt: Der Ring solle Kampfbereitschaft zu jeder Stunde symbolisieren. (Interview Suhr, Stockholm 1988)

3 Militärisches Führungszeugnis des Carl Ignatius von Ossietzky, 30. 9. 1841, OA/N, JB 4001–31

4 Lt. Antrag des Ignatius von Ossietzky auf Aufnahme in den «Hamburgischen Staatsverband», 23. 3. 1888, ebd.

5 Lt. Heiratsurkunde vom 20. 4. 1889, Hamburger Standesamt

6 Lt. Geburtsurkunde, 4. 10. 1889, und Taufregisterauszug, 8. 1. 1896, ebd.

7 Sterbeurkunde, 5. 11. 1891, ebd.

8 Das bezeugt Rosalinda von Ossietzky-Palm, das berichtet auch Maud von Ossietzky in einem unveröffentlichten Manuskript (ca. 1960), OA

9 3. 3. 1898, Hamburger Standesamt

10 Lebenslauf, August 1907, OA/N, JB 4001–7 (VII/D 11)

11 Siehe Anm. 16

12 Unveröffentlichtes Manuskript (ca. 1960), OA

13 Der Bericht ist abgedruckt in: Wiadomosci literackie 1938, Nr. 24, s. Bd. VII/D 38, Kommentar

14 «Knüppeldick und Affenschmalz», BVZ 28. 3. 1920 (I/57)

15 «Professoren, Zeitungsschreiber und verkrachte Existenzen», TB 31. 1. 1925 (III/516)

16 Nach einem Lebenslauf, den der Stiefvater Gustav Walther 1935 zwecks Unterstützung der Nobelpreiskampagne für Ossietzky verfaßte, besuchte dieser das Institut Goldmann drei Jahre lang, um sich so dem Militärdienst zu entziehen. Walther vermerkte auch die gescheiterten Anläufe zum Einjährigen-Examen. Daß Ossietzkys Antrag auf einen dritten Versuch abgelehnt wurde, ist unter dem Datum 3. 4. 1908 auf einem Freistellungsantrag an das Amtsgericht für die Vorbereitung der Prüfung (30. 10. 1907) vermerkt, StaH, Personalakte: B 109 (VII/D 15)

17 Siehe Anklageschrift, 30. 3. 1931 (VII/D 256)

18 Abschlußbemerkung im Lebenslauf von 1907, siehe Anm. 10.

19 Aktenvermerk des Amtsgerichts über Anwartschaft und Einstellung, 24. 9. 1907, StaH, Personalakte: B 109 (VII/D 12).
Ossietzky verfaßte am 24. 9. 1907 einen Prüfungsaufsatz: «Eine Fahrt auf der Alster»; und er hatte einen Fragebogen zur Geschichte auszufüllen. Die Arbeiten liegen seiner Personalakte bei, StaH, B 109 (VII/D 13 f.). Seine Einstellung wurde noch am Prüfungstag beim Amtsgericht vermerkt, ebd.

20 Qualifikationsbericht, 23. 10. 1908, ebd. (VII/D 17)

21 Ermahnung vom 20. 11. 1908, ebd. (VII/D 17)

22 Qualifikationsbericht, 1. 11. 1910, ebd. (VII/D 21)

23 Zit. bei Alfred Pohlmann: Carl von

Ossietzky. Ein Lebensbild. Manuskript, Hamburg o.J., SUBH, NL Pohlmann, 68
24 6.9.1918, OA (VII/D 70)
25 Maud von Ossietzky 1988, 26 und 33
26 Dies., etwa 1960, S. Anm. 8
27 Vgl. S. 99
28 Nach einem Brief an Bruno Frei, Juli 1963, s. Frei 1978, 22 f., 339 f.
29 Tagebucheintragung von Ludwig Tügel, 1.11.1908, DLA, NL Tügel (VII/D 16)
30 Die frühen literarischen Versuche Ossietzkys werden im OA verwahrt, s. auch Bd. I, Anhang
31 «Die Nationalpäderasten», TB 7.11.1925 (III/590)
32 Zit. bei Pohlmann, s. Anm. 23, 68
33 Tagebucheintragung von Ludwig Tügel, 10.5.1909, DLA, NL Tügel (VII/D 20)
34 «Der Kieler Parteitag», WB 31.5.1927 (V/710).
35 Siehe z. B. «Wir und die alten Parteien», Die Nation, 26.4.1924 (II/454)
36 «Rudolf Hilferding, der Mann ohne Schatten», TB 5.7.1924 (II/459)
37 «Eulenbergs ‹Alles um Liebe›. Zur Uraufführung im ‹Deutschen Schauspielhaus› zu Hamburg», FV 21.2.1911 (I/1). Dort wurde auch das Begleitschreiben (VII/24) abgedruckt.
38 Abgedr. in: FV 21.5.1910 (VII/D 26)
39 Maud von Ossietzky 1988, 5
40 Ebd., 23
41 Ebd., 31
42 Siehe Bd. VII/D 10, Kommentar
43 Die Aussagen finden sich im Wiedereinstellungsgesuch an das Amtsgericht, 16.12.1914, StaH, Personalakte: B 109 (VII/D 42)
44 Zit. nach: FV 21.1.1914 (VII/D 33)
45 «Auferstehung», FV 11.4.1914 (I/17)
46 Satzung des Deutschen Monistenbundes, 28.10.1911, in: «Der Monismus» VII, Nr. 67/69, 611 ff.; vgl. den Aufsatz von Dieter Fricke, Ossietzky und der Monismus, in: Kraiker/Grathoff 1991, 123 ff.
47 Vgl. Fricke, ebd., 128
48 FV 23.3.1913 (I/5)
49 «Sonnenwende», FV 22.3.1913 (I/5)
50 Siehe Anm. 45
51 FV 19.4.1913 (I/6)
52 FV 31.5.1913 (I/9)
53 Ebd.
54 Siehe Urteil im «Weltbühne»-Prozeß, 23.11.1931 (VII/D 269)
55 Hamburg und Berlin 1912
56 Siehe Anm. 52
57 «Das Erfurter Urteil», FV 5.7.1913 (I/10)
58 Das ist dem Strafregisterauszug (VII/D 43) zu entnehmen. Maud von Ossietzky erzählt dagegen, sie habe die Geldstrafe heimlich entrichtet (1988, 37 f.)
59 Siehe z. B. «Adjutantenritte», FV 8.11.1913 (I/11), «Ein getreuer Eckart», FV 9.11.1913 (I/12), «Der Deutsche Wetterwinkel», FV 29.11.1913, «Ein Phantom», FV 4.4.1913 (I/16)
60 «Panslawismus», FV 19.4.1913 (I/7)
61 «Die Schüsse von Sarajewo», FV 4.7.1914 (I/19)
62 FV 8.8.1914, Titelblatt (VII/37)
63 «Monismus und Pazifismus», unveröffentlichtes Manuskript von 1917, OA (I/23)
64 «Wo bleibt das Theater?», MJ 1.12.1914 (I/20)
65 «Für Alfred Fried», MMDM 1.4.1919 (I/32)
66 «An C.L. Siemering», MMDM 1.9.1919 (I/41)
67 Wiedereinstellungsgesuch, 16.12.1914, StaH, Personalakte: B 109 (VII/D 42)
68 «Erinnerungsbuch» des Ehepaares Ossietzky, Eintragung vom 28.6.1916 (VII/54); das Buch befindet

sich im Besitz von Rosalinda von Ossietzky-Palm
69 Maud von Ossietzky 1988, 39 f.
70 Siehe Anm. 68
71 Siehe Anm. 68, der Briefwechsel zwischen Carl und Maud von Ossietzky befindet sich im OA; siehe auch Bd. VII
72 Siehe Anm. 68
73 Ebd.
74 «Die unzivilisierte Sexualität», TB 15.11.1924 (III/491)
75 «Die Pazifisten», TB 4.10.1924 (II/474)
76 «Miss Sheebo und der Humor davon», FV 27.6.1925 (III/549)
77 The Nation, 7.11.1928 (IV/818)
78 «Das neue Deutschland», Vortrag vom 10.6.1915, VF August 1915 (VII/46), vgl. auch Bd. VII/45
79 Informationen über Ossietzkys Kriegszeit sind teils den Absenderangaben auf seinen Feldpostbriefen an Maud (die keine Kriegserlebnisse schildern) und teils dem Soldaten-Krankenbuch (mitgeteilt am 21.7.1988 vom Berliner Krankenbuchlager) entnommen
80 Zit. nach 8 Uhr-Abendblatt, 1.7.1932, siehe auch: Vorwärts und BT, 1.7.1932 (Abendausgaben)
81 Rede während des Soldatenprozesses, 1.7.1932 (VII/D 340), nach Aufzeichnungen von Milly Zirker (Pseud.: Johannes Bückler), abgedr. in WB 5.7.1932, 8 ff.
82 Siehe Anm. 63
83 Ebd.
84 Das berichtet er in: «An C.L. Siemering», MMDM 1.9.1919 (I/41)
85 «Wandlung der geistigen Atmosphäre», MMDM 1.10.1918 (I/27)
86 «Drei Variationen über ein zeitgemäßes Thema», MMDM 1.9.1918 (I/26)
87 Siehe Anm. 78, 85 und «Herr Siemering, der Pazifist», MMDM 1.1.1919 (I/29)
88 Siehe Anm. 84
89 «Ein Wort über Aktivismus», MMDM 1.3.1918 (I/25)
90 Nach Maud von Ossietzky (1988, 52) war Ossietzky nach seiner Rückkehr aus dem Krieg in den Hamburger Soldatenrat gewählt worden; dafür finden sich aber keine Belege
91 Vgl. «Der Anmarsch der neuen Reformation», Aufsatz in einer 1919 erschienenen Broschüre gleichen Titels (I/36). Darin sind neben dem Neudruck «Der Anmarsch der neuen Reformation» ältere Artikel enthalten, die vorher in den MMDM erschienen waren
92 «Moskau und Potsdam», BVZ 24.6.1920 (I/69)
93 «Revolutionsbilanz. Heinrich Stroebels Werk», BVZ 20.9.1920 (I/85)
94 MMH 1.3.1920 (I/55)
95 Vgl. «Das werdende Deutschland. Ein Wort an alle Schwachmütigen», MMDM 1.2.1919 (I/30)
96 Vgl. Programm des Pfadweiser-Verlages, Februar 1919 (s. Bd. VII/D 90 und zugehöriger Kommentar) und Erklärung von Carl Thinius über Ossietzkys Tätigkeit im Pfadweiser-Verlag (s. Bd. VII/D 93 und zugehöriger Kommentar)
97 Siehe Anm. 91
98 «Der Aufmarsch der Reaktion», BVZ 31.1.1920 (I/52)
99 «Der Adlerknopf», BVZ 3.1.1920 (I/51)
100 «Gegen die Balkanisierung Deutschlands», BVZ 14.9.1920 (I/84)
101 BVZ 23.10.1920 (I/87)
102 Siehe Anm. 100
103 Seine Mitarbeit bei den MMH beendete er am 1.5.1922 mit dem Artikel «Das neue Heidentum» (II/333)
104 «Unsere neuen Arbeitsthesen: 4. Weltfrieden», MMH 1.3.1921 (I/127)

105 Siehe Bd. VII/D 90, Kommentar
106 «Katholische Diktatur», WB 7.4.1931 (VI/987)
107 Die folgende Darstellung basiert auf den Erinnerungen Maud von Ossietzkys (1988, 52ff.)
108 Hiller 1950, 345
109 Zur Geschichte der DFG vgl. Appelius 1988, Lütgemeier-Davin 1981, Scheer 1981, Schumann (in: Kraiker/Grathoff 1991, 225ff.)
110 «Die Kasseler Generalversammlung» (I), FV November 1919 (I/43)
111 Ebd.
112 Grossmann 1973, 58f.
113 Mitteilung der DFG an Alfred H. Fried, 27.7.1920 (VII/124)
114 Hiller 1950, 345
115 «Die Pazifisten», TB 4.10.1924 (II/474)
116 Ebd.
117 Siehe Anm. 114
118 «Unselig sind die Friedfertigen», WB 19.2.1929 (V/840)
119 Ebd.
120 Offener Brief «An den Vorsitzenden der Deutschen Friedensgesellschaft», WB 1.7.1930
121 «Marginale», Nachwort zu «Offenem Brief», s. Anm. 120 (V/934), Brief an Lothar Schücking, 16.7.1930
122 «Rechenschaft», WB 10.5.1932 (VI/1058)
123 Hiller, 1950, 345
124 Satzungen des Friedensbundes der Kriegsteilnehmer 1919 (VII/D 104)
125 «‹Nie wieder Krieg!› Der Rundlauf einer Parole», Friedenswarte Juni 1923 (III/427)
126 Grossmann 1973, 62f.
127 «Eine Warnung für die Weltreaktion!», BVZ 1.8.1921 (s. VII/D 131)
128 Siehe Anm. 125
129 «Nie wieder Krieg!», in: WaM 31.7.1922
130 Nach einem Bericht in der BVZ 6.3.1923 (VII/D 152)
131 «Nie wieder Krieg!», in: Vossische Zeitung, 4.8.1924
132 Bruno Frei in seinen Auswahl-Bänden mit Ossietzkys Schriften (1966 und 1970) sowie in seiner Ossietzky-Biographie (1978)
133 Abgedruckt in BT 6.3.1921 (VII/D 129)
134 Siehe Bd. VII/D 129, Kommentar
135 Aufruf der französischen Liga für Menschenrechte und des Bundes Neues Vaterland, Januar 1922 (VII/D 143)
136 Appell, Programm und Satzung der DLfM e. V., 1924 (VII/D 143)
137 «Die Verfassungsfeier in der Oper. Die Rede des Reichskanzlers Dr. Wirth», BVZ 11.8.1921, (II/11.8.1921)
138 Eingabe der DLfM zur Republikanisierung der Justizverwaltung, Juni 1922 (VII/D 146)
139 Denkschrift der DLfM und der Liga Junge Republik über die Republikanisierung der Reichswehr, November 1922 (VII/D 150)
140 «Die Propagandaarbeit für die Republik», Bericht über die Liga Junge Republik, in: BVZ 28.1.1922 (VII/D 145)
141 «Der Bankrott des Fraktionalismus», BVZ 26.11.1922 (II/368)
142 Siehe insbesondere «Eine Lebensfrage der Republik», Bericht über eine Veranstaltung der Liga Junge Republik, in: BVZ 29.9.1922 (VII/D 147)
143 Siehe z. B. «Platz der Jugend!», BVZ 21.12.1922 (II/381) und «Die Mobilisierung der Republikaner», BVZ 27.11.1923 (II/444)
144 «Wir heißen Euch hoffen!», BVZ 13.6.1920 (I/67)
145 «Demokratie im Wahlkampf», BVZ 11.2.1921 (I/115)
146 «Der Weg ins Freie», BVZ 5.10.1923 (II/441)
147 Das wird berichtet in: «Die neue

republikanische Partei, in: WaM 7.1.1924
148 Kandidatenliste der RPD, Mai 1924 (VII/D 167)
149 6.2.1924, abgedruckt in: WaM, 7.1.1924 (VII/D 155)
150 Hiller 1969, 202 f.
151 Rede Ossietzkys über die RPD und ihr Programm, 31.3.1924, in: «Republikanische Presse», 30.3./ 10.4.1924 (VII/D 165)
152 Siehe Anm. 35
153 «Rudolf Breitscheid, der Edelbonze. Das Bild eines führenden Sozialisten», in: Die Nation 3.5.1924 (III/456)
154 Siehe WaM, 28.4.1924
155 «Junger Demokrat», in: WB 28.2.1924 (Rubrik «Antworten»), s. z.B. auch Ernst Feder: «Neue Parteien», in BT 6.2.1924
156 Siehe Anm. 35
157 «Die große Republikanische Partei», WB 19.6.1928 (IV/787)
158 Siehe Anm. 151
159 Siehe Bd. VII/D 165, Kommentar
160 18.3.1924 (VII/D 161)
161 Notiz in der BVZ 17.3.1924 (VII/ D 160)
162 «Deutsche Linke», TB 20.9.1924 (II/472)
163 TB, Sonderheft 1925 (III/306)
164 WB 10.5.1932 (VI/1058)
165 TB 31.1.1925 (III/516)
166 BVZ 10.6.1922 (II/341)
167 «Vom deutschen Balkan», Mitteilungen der Deutschen Friedensgesellschaft 9.8.1920 (I/76)
168 Jacob 1937, 16
169 Jacobsohn 1989, 213
170 Ebd., 234
171 Anklageschrift, 17.2.1925 (VII/ D 174)
172 Jacobsohn 1989, 251 f.
173 Schreiben Stresemanns an das Amtsgericht Berlin-Mitte, 20.7. 1925 (VII/D 175), und Notiz des «Montag Morgen» 26.10.1925 (VII/D 176)
174 Jacobsohn 1989, 465
175 Ebd., 378
176 Ebd., 381
177 WB 20.4.1926 (III/635)
178 Jacobsohn 1989, 424
179 Vgl. Hepp 1993, 260
180 S. «Gedenken an Siegfried Jacobsohn», WB 29.11.1927
181 «Die Ursache», WB 29.11.1927 (IV/744)
182 S. Anm. 122
183 Madrasch-Groschopp 1983, 205
184 Tucholsky 1982, 437
185 Ebd., 446
186 Ebd., 494 f.
187 Ebd., 481
188 Ebd., 516
189 Unveröffentlichtes Manuskript o.D., IfZ München, NL Walter, ED 192/1
190 Tucholsky 1989, 71
191 Lt. Walter, siehe Anm. 189
192 Tucholsky 1989, 93
193 Tucholsky 1989, 34
194 Raddatz 1989, 9
195 Siehe Anm. 192
196 Vgl. Hepp 1993, 261
197 Karsch 1945
198 Arnheim, Interview Suhr, Darmstadt 1986 (Abschrift im OA)
199 Hiller 1938
200 Siehe Anm. 198
201 «Die Rolle des Intellektuellen in der Partei», Front Nr. 9, S. 259 ff. (GW 1929, Bd. 7, 13 ff.)
202 «‹Weltbühne›, Piscator und die Arbeiterbewegung», Die Rote Fahne, 23.3.1928 (VII/D 209)
203 WB 10.5.1932 (VI/1058)
204 Siehe Anm. 198
205 Karsch, Interview Regensburger, Berlin 1963, Abschrift im OA
206 Siehe Anm. 198
207 Siehe Anm. 197
208 Siehe Anm. 198
209 Siehe Anm. 197
210 Rosalinda von Ossietzky-Palm, Interview Suhr, Stockholm 1988
211 Grossmann 1973, 108 f.

212 Arnheim, Interview Suhr 1988 (Abschrift im OA)
213 WB 4.1.1927 (V/680)
214 Vgl. Boldt in: Kraiker/Grathoff 1991, 177 ff.; zum historischen Hintergrund siehe León Schirmann: Blutmai Berlin 1929. Dichtungen und Wahrheit. Berlin 1991
215 «Zörgiebel ist schuld!», WB 7.5.1929 (V/854), siehe auch «Abdankung, Herr Polizeipräsident», WB 14.5.1929 (V/855)
216 TB 11.5.1929, 770
217 «Klassenkampf» 15.5.1929, 291
218 Vgl. VII/D 290, 504 ff. und Kommentare
219 Bericht über eine Versammlung des Ausschusses am 15.5.1929 in «Berlin am Morgen» am 16.5.1929 (VII/D 220, Kommentar)
220 Ergebnisbericht in: Menschenrechte 1.10.1929, Nr. 9/10 (s. VII/D 221, Kommentar)
221 Berichte der Abt. IA der Preußischen Polizei im entsprechenden Zeitraum (Brandenburger Landeshauptarchiv Potsdam, Pr. Br. Rep. 30 Berlin C, Polizeipräsidium Berlin, Tit. 95, Sekt. 9, Teil 2, Nr. 171)
222 «Neue kommunistische Revue», 7.6.1929, Abendausgabe
223 Rede Ossietzkys am 2. Verhandlungstag des Ausschusses, 7.6.1929 (VII/D 222)
224 «Kommunistengesetz?», WB 21.5.1929 (V/856)
225 «Abdankung, Herr Polizeipräsident!», WB 14.5.1929 (V/8555)
226 Siehe insb. «Gibt es noch eine Opposition?», WB 7.1.1930 (V/900)
227 «Die Internationale der Angst», WB 13.8.1929 (V/69)
228 «Stalin und Trotzki», WB 15.11.1927 (IV/741)
229 Ebd.
230 «Wer gegen wen?», WB 24.11.1931 (VI/1028).
231 Siehe z.B. Hans-Ulrich Wehler: «Preußen ist wieder chic...» Politik und Polemik in zwanzig Essays, Frankfurt a.M. 1983, 77 ff.
232 Vgl. Kraiker, in: Reinhardt (Hg.) 1989
233 Siehe Anm. 230
234 «Gang eins», WB 1.3.1932 (VI/1947)
235 «Gang eins», WB 1.3.1932 (VI/1047)
236 «Gang zwei», WB 22.3.1932 (VI/1050)
237 «Der Femeprozeß», WB 27.12.1927 (IV/748)
238 «Plädoyer für Schulz», WB 22.3.1927
239 Siehe Anm. 237
240 Die Prozeßdokumente befinden sich im GStA PK, 2.5.1., Nr. 128 (M), vgl. Bd. VII/D 197, D 203 ff., D 210, D 215
241 «Volksentscheid», WB 21.8.1928 (IV/808)
242 In: WB 12.3.1929
243 Ein umfangreicher geschlossener Aktenbestand über die Prozeßvorbereitungen mitsamt Anklageschrift und schriftlicher Urteilsbegründung befindet sich im PA AA, Rechtssachen spec.: Strafverfahren wegen Landesverrats gegen 1. Schriftsteller Walter Ludwig Friedrich Kreiser, 2. Schriftleiter Carl von Ossietzky, Bd. 1–3 (R 42695–42697).
Hintergründe wurden u.a. dargestellt von Ingo Müller (in: Berkholz 1988, 13 ff.) und Manfred Messerschmidt: Gutachten für das Wiederaufnahmeverfahren v. Ossietzky-Palm, Freiburg 1992 (Manuskript)
244 III. Wahlperiode 1924–1928, 3.2.1928; vgl. Bd. VII/D 252, Kommentar
245 Siehe W. Müller 1983, 316 ff. Der «Vorwärts» veröffentlichte Ende 1926 in Anlehnung an den «Man-

chester Guardian» eine Artikelserie, die die Zusammenarbeit zwischen Roter Armee und Reichswehr, insbesondere in der Luftrüstung, enthüllte. Auf militärpolitische Techtelmechtel zwischen Deutschland und Sowjetrußland verweist Ossietzky bereits in: «Der plombierte Wagen», WB 20.4.1926 (IV/635)

246 Aufzeichnung des Auswärtigen Amtes vom 17.10.1930, PA AA, s. Anm. 243 (VII/D 241)

247 Reichswehrministerium an das Auswärtige Amt, 1.11.1930, PA AA, s. Anm. 243

248 Schreiben des Reichswehrministers an den Reichsjustizminister, 30.10.1930, BArch P, 22437/7512

249 Schreiben von Generalmajor von Schleicher an Staatssekretär von Bülow, 9.7.1931, PA AA, s. Anm. 243 (VII/D 261)

250 Schreiben an Generalmajor von Schleicher, 16.7.1931, PA AA, s. Anm. 243 (VII/262)

251 Schriftliche Begründung des Urteils vom 23.11.1931 (VII/D 269), eine Abschrift befindet sich u. a. im PA AA, s. Anm. 243

252 «Der Prozeß der Offiziere», WB 1.10.1930, (V/952)

253 Die Mitschrift gelangte über den pazifistischen Publizisten Carl Mertens an die nationalistische französische Zeitung «L'Echo de Paris» und wurde dort in einer aufsehenerregenden Artikelserie über den «Weltbühne»-Prozeß veröffentlicht. Ossietzky distanzierte sich von dieser Pressekampagne, die von Kreiser mitgetragen wurde, der bald nach Ende des Prozesses nach Frankreich entwichen war. Apfels Aufzeichnungen wurden an den französischen Geheimdienst weitergegeben und befinden sich heute im Service historique de l'Armée de Terre in Vincennes bei Paris. (N 2636). Vgl. Bd. VII/D 269, Kommentar

254 Nach Mitschrift Apfels, vgl. Anm. 253

255 Ebd.

256 Siehe Anm. 251

257 Ebd.

258 Ebd.

259 Siehe «Rechenschaft», WB 10.5.1932 (VI/1058)

260 6.3.1932, siehe Anm. 68, Bd. VII/D 309

261 Tucholsky 1989, 75

262 8.5.1932 (VII/D 323)

263 Siehe Anm. 259

264 9.5.1932 (VII/D 325)

265 7.7.1932 (VII/D 343)

266 10.5.1932 (VII/D 328)

267 WB 4.8.1931, 191 f.

268 29.2.1932 (VII/D 306)

269 Berliner Tageblatt, 1.7.1932

270 Nach Aufzeichnungen von Johannes Bückler (d. i. Milly Zirker), abgedruckt in WB 5.7.1932

271 Ebd.

272 Siehe Anm. 265

273 «Lieber Herr von Ossietzky», WB 4.10.1932 (VII/D 356)

274 WB 27.12.1932 (VI/1070)

275 Robert W. Kempner, der damals im Preußischen Innenministerium tätig war, hat diese Vorgänge beschrieben. Vgl. Kempner 1983, 88 ff.

276 WB 7.2.1933 (VI/1078)

277 Ebd. 195

278 Ebd.

279 WB 14.2.1933 (VI/1080)

280 «Herr Walter Bloem», WB 26.2.1933, 316 ff. (VI/1082); vgl. auch schon früher «Kulturbolschewismus», WB 21.4.1931 (VI/989)

281 Vgl. Frei 1978, 204; Nardi: Seine letzte Rede, in: WB 1948, 457 f.

282 Vgl. Sahl 1985, 209 f.; Eggebrecht 1975, 267 f.; Marcuse 1975, 157 f.; Grossmann 1973, 258 f.

283 Vgl. Kempner 1983, 99 ff.

284 Vgl. Egon Erwin Kisch: Im Polizeigefängnis nach dem Reichstagsbrand, in: Unsere Zeit, 15.3.1933

285 Vgl. den Bericht von Oskar Stark bei Pohlmann, s. Anm. 23, 251. Auch von Gerlach und Edith Jacobsohn versicherten, diesen Abend in Jacobsohns Wohnung bis nach dem Ausbruch des Reichstagsbrandes mit Ossietzky verbracht zu haben; man habe über die Zukunft der «Weltbühne» beraten. Eine Besprechung am Nachmittag des 27. Februar bei Edith Jacobsohn bezeugen auch andere, aber daß sie bis nach Ausbruch des Reichstagsbrandes gedauert haben soll, ist wahrscheinlich eine Schutzbehauptung für Ossietzky, denn von Gerlach machte sie in der «Neuen Weltbühne» (16.11.1933), nachdem Ossietzky der Beteiligung am Reichstagsbrand verdächtigt worden war. Von Gerlach bot den deutschen Behörden ausdrücklich sich und Jacobsohn als Zeugen an

286 Vgl. Maud von Ossietzky 1988, 89 (VII/D 379)

287 Sahl 1985, 209f.

288 Vgl. Grossmann 1973, 206f.

289 «Rechenschaft», WB 10.5.1932 (VI/1058)

290 Vgl. Otto Lehmann-Rußbüldt, WB 1946, 200f. (VII/D 382)

291 Brief an Maud, 2.3.1933 (VII/D 381)

292 Brief an Maud, 16.3.1933 (VII/D 387)

293 Vgl. auch Bd. VII/D 381, Kommentar

294 Brief an Maud, 27.3.1933 (VII/D 388)

295 Brief an Maud, 5.4.1933 (VII/D 389)

296 Weitere biographische Angaben über Zirker, Walter und andere Beteiligte der Nobelpreis-Kampagne bei Trapp u. a. 1988

297 Nähere Angaben s. Bd. VII/D 443

298 Brief an Maud, 16.3.1933 (VII/D 387)

299 Bericht eines Mithäftlings, in: Neue Weltbühne 21.6.1934 (VII/D 391)

300 Diels 1950, 275f. (VII/D 393)

301 Lochner 1942, 55f. (VII/D 398)

302 Brief an Maud, 23.7.1933 (VII/D 407)

303 Brinson/Malet 1990, 26f.

304 Brief an Maud, 15.10.1933 (VII/D 417)

305 Vgl. Frei 1978, 210f.

306 Vgl. Maud von Ossietzky 1988, 96; vgl. auch dies. 1966, 116f.

307 IfZ, NL Walter, ED 192/1 (VII/D 396)

308 Näheres im Kapitel über die Nobelpreis-Kampagne

309 Vgl. das Schreiben der Nie-wieder-Krieg-Föderation Appeldoorn an Hitler, 15.3.1933. Weitere an den Reichskanzler oder Außenminister gerichtete Schreiben kamen vom Internationalen Friedensbüro der holländischen Gruppe «Kerk en Vrede» und der französischen Liga für Menschenrechte (siehe VII/D 386 u. Kommentar)

310 Vgl. Brinson/Malet 1990 (Einleitung)

311 Vgl. Paul Olberg an Hilde Walter, 23.4.1934, IISG, NL Walter, M6 (VII/D 435)

312 Vgl. Hilde Walter an Hermann Budzislawski, 19.10.1934, IISG, NL Walter, M6 (VII/D 467)

313 Vgl. Schreiben an den Chef der Geheimen Staatspolizei, 20.11.1934, ehemals IML Berlin, St 47/9, Bd. 2, Kopie in OA (VII/D 472)

314 Siehe S. 115ff.

315 Vgl. Korsthorst/Walter 1983, Suhr 1985

316 Briefe an Maud (VII/D 428, D 429, D 430)

317 Brief an Maud, 23.2.1935 (VII/D 502)

318 Vgl. die Erinnerung des Mithäftlings Adolf Bender, OA (VII/D 432)
319 Brief an Maud, 15.7.1935 (VII/D 502)
320 Vgl. Geheime Staatspolizei an das Auswärtige Amt, 30.7.1935, PA AA, Inland II A/B 83–42. Carl von Ossietzky. Sdbd. 1,2 (VII/D 506)
321 Vgl. Bericht eines Mithäftlings, in: Neue Weltbühne 1934, 778 ff.; vgl. auch Brief von Maud an Rosalinda, 13.1.1934, OA, B 4011
322 Geheime Staatspolizei an das Auswärtige Amt, 3.2.1934, PA AA, s. Anm. 320 (VII/D 425)
323 Bericht des Lagerarztes von Esterwegen v. 27.8.1934, PA AA, siehe Anm. 320 (VII/D 455 u. Kommentar)
324 Vgl. auch dies: von Gerlach im «Pariser Tageblatt»: «Ossietzky, Oslo, Locarno», 16.9.1934 (VII/D 459). Auch in Berichten von Mithäftlingen ist davon die Rede
325 Amtsärztliches Gutachten im Auftrag der Staatspolizei, 24.7.1935, PA AA, siehe Anm. 320 (VII/D 504)
326 Vgl. Hilde Walter an Kurt Grossmann, 16.8.1935, IISG, NL Walter, M 13 (VII/D 510)
327 Zit. nach Favez 1989, 536
328 Vgl. Bericht in der «Neuen Weltbühne» 19.3.1936 (VII/D 575)
329 Vgl. Otto Lehmann-Rußbüldt an Christian Lange, 30.3.1936, IISG, NL Walter (VII/D 576)
330 Schreiben des Inspekteurs der Konzentrationslager, Eicke, an den Reichsführer der SS Himmler, 3.4.1934, NI Oslo (VII/D 581)
331 Untersuchungsbefund v. 24.3.1936, NI Oslo (VII/D 577)
332 Schreiben v. 22.5.1936, NI Oslo (VII/D 590)
333 Schreiben v. 27.5.1936, NI Oslo
334 Geheimes Staatspolizeiamt an den Direktor des Staatskrankenhauses der Polizei, 27.5.1936, BArchP, St 3/171 (VII/D 591)
335 Geheimes Staatspolizeiamt Berlin an das Deutsche Rote Kreuz, 30.5.1936, PA AA, siehe Anm. 320 (VII/D 596)
336 Gutachten v. 30.5.1936, NI Oslo (VII/D 594)
337 Vgl. den Bericht Hilde Walters über den Gesundheitszustand Ossietzkys v. 12.10.1936, IfZ, NL Walter (VII/D 620)
338 Vgl. den Bericht der skandinavischen Ärztedelegation v. 17.10.1936, IfZ, NL Walter (VII/D 622)
339 Vgl. «Nationalzeitung Basel» v. 12.1.1937 (VII/D 678)
340 Vgl. Maud von Ossietzky 1988, 127 ff; 1966, 146 ff.
341 Brief von Maud und Carl von Ossietzky an Rosalinda, undatiert, OA (VII/D 688)
342 Brief an Rosalinda v. 31.10.1937 (VII/D 690)
343 Bericht v. 16.4.1938 (VII/D 697)
344 Vgl. Trapp u.a. 1988 sowie die Beiträge von Willy Brandt, Finn Lie, Christoph Schottes, Charmain Brinson/Marian Malet, Wilhelm Büttemeyer, Frithjof Trapp in: Kraiker/Grathoff 1991
345 Vgl. Willy Brandt an Hilde Walter, 15.7.1936, IISG, NL Walter, M 25 (VII/D 602)
346 Vgl. Grossmann 1973, S. 372. Das Memorandum erschien 1935 in dt. und engl. Sprache. Ein Exemplar befindet sich im BArchP
347 (VII/D 434)
348 Vgl. Schreiben an die Mitglieder, 4.6.1934, IISG, NL Walter, M 8 (VII/D 438)
349 Vgl. «Pariser Tageblatt» v. 18.9.1934 (VII/D 459)
350 Eingabe an das Nobel-Komitee v. 25.1.1935, IISG, NL Walter, M 11 (VII/D 485)

351 Christian Lange an Hellmut von Gerlach, 4.1.1935, IISG, NL Walter, M3 (VII/D 482)
352 Vgl. Thomas Mann an Alfred Apfel, 10.1.1932, in: WB 17.5.1932 (VII/D 294)
353 Ludwig Quidde an Hellmut von Gerlach, 2.1.1935, IISG, NL Walter, M3 (VII/D 480)
354 Walter 1969, 16
355 Brief v. 11.6.1935, in: Tucholsky 1989, 211 f. (VII/D 497)
356 Vgl. «Neue Volkszeitung» v. 15.6. 1935 (VII/D 498) sowie die Eingabe zahlreicher Persönlichkeiten an das Nobel-Komitee Oslo v. 29.10. 1935, IISG, NL Walter, M7 (VII/D 527)
357 Thomas Mann an das Nobel-Komitee Oslo, 13.10.1935, StBK, Haus 1 (VII/D 523). Siehe Auszug im Anhang dieses Bandes unter «Zeugnisse»
358 Marcuse 1975, 219
359 Interne Anweisung, 18.10.1934, ehem. IML Berlin, St 4719, Bd. 1, jetzt vermutlich GStA PK (VII/D 466)
360 Antwort auf die Anweisung des Chefs der Geheimen Staatspolizei, 2.11.1934, ebd. (VII/D 469)
361 Ebd.
362 «Deutsche Wochenschau», 28.11. 1935 (VII/D 540). Der Artikel war am 22.11.1935 in den norwegischen Zeitungen «Aftenposten» und «Tidens Tegn» erschienen
363 Mimi Sverdrup Lunden an Hilde Walter, 24.11.1935; Willy Brandt an Hilde Walter, 25.11.1935, IISG, NL Walter, M25 (VII/D 537 f.)
364 Bericht an die Unterstützer der Nobelpreiskandidatur, 11.11.1935, UCL, NL Olden (VII/D 543)
365 Vgl. Hilde Walter an Kurt Grossmann, 22.11.1935, IISG, NL Walter, M15 (VII/D 536)
366 Heinrich Mann: Für Ossietzky, den Dulder und Sieger, IISG, NL Walter, M16 (VII/D 562)
367 Vgl. Thomas Mann an Hilde Walter, 2.1.1936, UCL, NL Olden (VII/D 561)
368 Vgl. Ernst Rosenbusch an Hilde Walter, 16.1.1936, IISG, NL Walter, M17 (VII/D 546)
369 Vgl. die Eingabe v. 23.1.1936, IISG, NL Walter, M25 (VII/D 625)
370 Vgl. die Kandidatenliste für 1936, NI Oslo – Rechenschaftsbericht 1936 (VII/D 625)
371 Das «Interview» erschien am 10.9.1936 in «Berlinske Aften Avis» (VII/D 608 und Kommentar). Die Zuschreibung des «Interviews» als eine Aktion der Freunde erfolgte in der «Nationalzeitung Essen» v. 24.9.1936 (VII/D 613)
372 Vgl. IISG, NL Walter, M31; Brinson/Malet 1990, 260 (VII/D 593 und Kommentar)
373 Vgl. Tagebuch des dt. Gesandten in Oslo, Heinrich Sahm. Eingetragen v. 16.11.–16.12.1936, BArchK, NL Sahm (VII/D 634)
374 Vgl. Vermerk im norwegischen Außenministerium über eine Unterredung mit von Neuhaus, dem deutschen Presseattaché, 20.11. 1936, Norwegisches Außenministerium Oslo, PI I 3106 (VII/D 638)
375 Vgl. Lie in: Kraiker/Grathoff 1991, 289 ff.
376 Vgl. Maud von Ossietzky 1988, 113; Hilde Walter 1969, 30
377 Göring im Reichstag am 30.1.1937 (VII/D 683)
378 Vgl. den Bericht über ein Pressegespräch mit Ossietzky im «Neuen Wiener Tageblatt» v. 29.11.1936 (VII/D 652)
379 Vgl. Tagebuch Sahm, Eintragung v. 16.12.1936, s. Anm. 373
380 Vgl. die Bestätigung der Anweisung, 2.12.1936, NI Oslo (VII/D 656)
381 Vgl. Die Geheime Staatspolizei an

den Generalreferenten Görings, Gritzbach, 8.12.1936, NI Oslo (VII/D 674)

382 Vgl. z. B. den internen Bericht der Gestapo über die Vorgänge v. 31.12.1937, LA Berlin, Prozeßakte Wannow, Bd. 1 (VII/D693)

383 Vgl. die notariell beglaubigte Vollmacht für Wannow v. 12.1.1937, LA Berlin, Prozeßakte Wannow, Bd. 1 (VII/D 677)

384 Vgl. «Strengvertrauliche» Mitteilung an den «Freundeskreis», 1.12. 1936, UCL, NL Olden (VI/D 655)

385 Vgl. Hilde Walter an Otto Lehmann-Rußbüldt und Rudolf Olden, 3.12.1936, UCL, NL Olden (VII/D 659)

386 Vgl. Vermerk im Auswärtigen Amt, 19.1.1937, PA AA, s. Anm. 320 (VII/D 681)

387 Brief an Dr. Dosquet v. 24.12.1937 (VII/D 691)

388 Vgl. Zeugenaussage v. 25.2.1938, LA Berlin, Prozeßakte Wannow, Bd. 1 (VII/D 695)

389 Siehe Anm. 381

Zeittafel

1889 3. Oktober: Carl von Ossietzky kommt als einziger Sohn des Stenotypisten und Speisewirts Carl Ignatius von Ossietzky und seiner Frau Rosalie (geb. Pratzka) zur Welt.
10. November: Römisch-katholische Taufe

1891 5. November: Tod des Vaters

1898 3. März: Die Mutter heiratet in zweiter Ehe den Holzbildhauer Gustav Walther

1904 19. März: Nach acht Schuljahren verläßt Ossietzky die Rumbaumsche Schule, eine Realschule
23. März: Konfirmation
Besuch des Privatinstituts Goldmann zwecks Erwerbung des Einjährigen-Abschlusses

1907 1. Oktober: Nach Scheitern am Einjährigen-Examen wird Ossietzky Hilfsschreiber beim Amtsgericht Hamburg

1911 25. Februar: Erste Veröffentlichung, ein Leserbrief im «Freien Volk», dem Parteiorgan der Demokratischen Vereinigung

1912 Mitgliedschaft in der Deutschen Friedensgesellschaft (DFG)
Bis Kriegsbeginn zunehmende Mitarbeit beim «Freien Volk»
28. Dezember: Ossietzky wird im «Freien Volk» als Mitglied der Demokratischen Vereinigung ausgewiesen

1913 19. August: Heirat mit Maud Hester Woods

1914 15. Januar: Kündigung beim Amtsgericht, fortan referiert Ossietzky gegen Honorar in einem von Maud gegründeten Vortragszirkel
7. Mai: Verurteilung zu 200 Mark Geldstrafe wegen öffentlicher Kritik an der Militärgerichtsbarkeit (Erfurter Urteil)
1. Dezember: Erste Veröffentlichung in einem Organ des Deutschen Monistenbundes, dem «Monistischen Jahrhundert», dann bis Sommer 1917 keine Veröffentlichungen mehr
16. Dezember: Wiedereinstellungsgesuch beim Amtsgericht mit positivem Ergebnis

1915/16 Mehrere Vorträge bei der Deutschen Friedensgesellschaft und beim Deutschen Monistenbund

1916 14. Juni: Einberufung, ab September an der Westfront

1917 1. Juli: Erste bekannte Veröffentlichung seit 1914, in den «Monatlichen Mitteilungen» des Deutschen Monistenbundes; ab 1918 vermehrt Beiträge dort

1919 Erneut Kündigung beim Amtsgericht

Von März bis September: freier Mitarbeiter beim monistischen Pfadweiser-Verlag, dort einzige selbständige Publikation: *Der Anmarsch der neuen Reformation*

April: Eintritt in die Freimaurer-Reform-Loge «Zur aufgehenden Sonne», bei dieser wie beim Monistenbund hält er Vorträge

August: Ossietzky wird Sekretär der Deutschen Friedensgesellschaft in Berlin

2. Oktober: Gründungsmitglied des Friedensbundes der Kriegsteilnehmer, der die «Nie-wieder-Krieg!»-Bewegung initiiert

21. Dezember: Geburt des einzigen Kindes: Rosalinda

1920 1. Januar: Beginn der Kolumne *Von der deutschen Republik* (Pseudonym: Thomas Murner) in: «Monistische Monatshefte» (bis Mai 1922)

30. Juni: Beendigung der Sekretärstätigkeit bei der DFG

Juli: Aktive Mitgliedschaft im Bund Neues Vaterland (ab 1922: Deutsche Liga für Menschenrechte)

Dezember: Beginn einer regelmäßigen Mitarbeit bei der «Berliner Volks-Zeitung» (BVZ), für die er seit November 1919 schreibt

1922 Januar: Gründung der Liga Junge Republik, deren Aktionsausschuß Ossietzky angehört und für die er Vorträge hält

September: Hauptschriftleiter der «Welt am Abend», die im Oktober schon wieder eingestellt wird, danach vermutlich sofort Eintritt in die Redaktion der BVZ

1923 13. Juni: Das Impressum der BVZ weist Ossietzy als verantwortlich für auswärtige Politik aus

29. Juni: Ossietzky tritt als Redner bei einer «Nie-wieder-Krieg!»-Kundgebung auf

1924 6. Januar: Gründung der Republikanischen Partei (RPD), für die Ossietzky zu den Reichstagswahlen im Mai kandidiert

März: Entlassung aus der BVZ-Redaktion wegen seiner parteipolitischen Aktivitäten

März/April: Er wird Redakteur bei «Das Tage-Buch» und «Montag Morgen»

4. Mai: Die RPD gewinnt bei den Reichstagswahlen kein Mandat

1925 19. Januar: Strafantrag gegen Ossietzky als verantwortlichen Redakteur des «Montag Morgen» wegen eines Artikels, der Stresemann Verbindungen zum Stahlhelm vorwirft. Der Antrag wird zurückgenommen, nachdem das Blatt von der Behauptung abgerückt ist

1926 1. April: Ossietzky wird Redakteur der «Weltbühne»

3. Dezember: Tod des «Weltbühne»-Herausgebers Siegfried Jacobsohn

1927 25. Januar: Ossietzky erscheint als verantwortlicher Redakteur im Impressum der «Weltbühne», vorher nur i. V.

10. Februar: Ossietzky als verantwortlicher Redakteur und Erich Weinert als Autor werden wegen Beleidigung der Marineleitung zu je 500 Mark Geldstrafe verurteilt

11. Oktober: Auf dem Titelblatt der «Weltbühne» heißt es fortan: «Unter Mitarbeit von Kurt Tucholsky, geleitet von Carl von Ossietzky»

20. Dezember: Im «Fememordprozeß» werden Berthold Jacob und Ossietzky (als verantwortlicher Redakteur) wegen Beleidigung hoher

Offiziere zu Gefängnisstrafen verurteilt; in der zweiten Instanz wird das Urteil in eine Geldstrafe umgewandelt und, nach einer allgemeinen Amnestie, schließlich ganz erlassen

1928 22. Februar: Verurteilung zu 200 Mark Geldstrafe wegen Besprechens und Zitierens eines beschlagnahmten Buches von Berta Lask

12. Oktober: Strafverfahren wegen einer Notiz in der «Weltbühne», die Opfern der politischen Justiz rät, eher die Aussage zu verweigern als Meineide zu schwören, wenn es gilt, politische Verbündete vor Strafverfolgung zu schützen. Das Urteil: 300 Mark Geldstrafe

1929 Mitgliedschaft im Präsidium des Ausschusses zur öffentlichen Untersuchung der Massaker während des «Blutmai» 1929

8. August: Einleitung des Verfahrens gegen Walter Kreiser und Ossietzky als verantwortlichen Redakteur wegen angeblichen Verrats militärischer Geheimnisse («Weltbühne»-Prozeß)

1931 17.–19. November: Hauptverhandlung im Verfahren gegen Kreiser und Ossietzky vor dem IV. Strafsenat des Reichsgerichts zu Leipzig unter Ausschluß der Öffentlichkeit

23. November: Urteil im «Weltbühne»-Prozeß: Ossietzky und Kreiser werden zu je 18 Monaten Gefängnis verurteilt

1932 10. Mai: Haftantritt im Strafgefängnis Berlin-Tegel

1. Juli: «Soldaten-sind-Mörder-Prozeß», in dem Ossietzky als verantwortlicher Redakteur wegen eines Artikels von Tucholsky angeklagt wurde, in dem Soldaten Mörder genannt werden. Der Prozeß endet mit einem Freispruch

22. Dezember: Nach einer Weihnachtsamnestie wird Ossietzky vorzeitig aus der Haft entlassen und nimmt die Arbeit bei der «Weltbühne» sofort wieder auf

1933 Januar: Die Familie Ossietzky, die vorher in häufig wechselnden Wohnungen zur Untermiete gewohnt hat, bezieht eine eigene Wohnung

17. Februar: Rede auf der letzten Versammlung des Schutzverbandes Deutscher Schriftsteller

27./28. Februar: Nächtliche Verhaftung und Inhaftierung im Polizeigefängnis am Alexanderplatz

1. März: Verlegung Ossietzkys ins Polizeigefängnis Spandau. Maud von Ossietzky wird in einem Sanatorium untergebracht

6. April: Transport in das Konzentrationslager Sonnenburg

10. Mai: Bei der nationalsozialistischen Bücherverbrennung werden auch die Werke von Ossietzky und Tucholsky ins Feuer geworfen

1934 Februar: Verlegung in das Konzentrationslager Esterwegen im Emsland

April/Mai: Georg Bernhard, Berthold Jacob u. a. schlagen Ossietzky für den Friedensnobelpreis vor. Die Vorschläge erreichen das Nobelkomitee in Oslo nicht mehr fristgerecht

1935 Der «Freundeskreis Carl von Ossietzky» um Hilde Walter und Hellmut von Gerlach in Paris sowie deutsche Exilkreise in ganz Europa initiieren eine großangelegte Nobelpreiskampagne für Ossietzky und können namhafte ausländische Persönlichkeiten dafür gewinnen

19. November: Der Friedensnobelpreis für 1935 wird nicht vergeben

1936 30. Mai: Unter dem Druck der Weltöffentlichkeit verlegt die Gestapo

Ossietzky in ein Berliner Polizeikrankenhaus, wo man eine offene Tuberkulose bei ihm feststellt

23. November: Ossietzky erhält den Friedensnobelpreis für das Jahr 1935. Göring versucht ihn zur Ablehnung des Preises zu bewegen. Als Ossietzky sich widersetzt und sein Bekenntnis zum Pazifismus erneuert, verbietet Göring die Ausreise zur Preisverleihung

14. Dezember: Ossietzky wird in das Sanatorium Nordend verlegt und bleibt dort unter Bewachung

1937 Januar: Der von Ossietzky beauftragte Rechtsanwalt Wannow bemächtigt sich des Nobelpreisgeldes und unterschlägt es bis auf einen geringen Rest

1938 4. Mai: Ossietzky stirbt an den Folgen der KZ-Haft und wird am 14. Mai in Berlin-Niederschönhausen auf dem Friedhof Buchholzer Straße beigesetzt. Das Grab bleibt auf Anweisung der Gestapo namenlos

Zeugnisse

Erich Lüth
Die Friedensgesellschaft veranstaltete im Curiohaus und manchmal auch im Gewerbehaus Vorträge, die einen recht großen Besucherkreis fanden, zumal sich eine innere Opposition gegen Wilhelm II. rührte. Auf diesen Versammlungen hat Ossietzky manchmal gesprochen und war eigentlich der Versierteste und der Eindringlichste von allen – überlegen, ohne falsche Töne. Er brachte einfach sein profundes internationales Wissen ein. Dabei war er sachlich, konzentriert, nachdenklich, die Leidenschaft, die er hatte, brach nur selten hervor.

Interview, 1987. Abgedruckt in: Carl von Ossietzky. Eine biographische Ausstellung, Oldenburg 1988, S. 44

Wolfgang Zucker
Es ist schwer, Ossietzky zu charakterisieren. Äußerlich war er total verschieden sowohl von dem kleinen feurigen S. J. [d. i. Siegfried Jacobsohn] als auch von dem mondänen Tucholsky. Er war mittelgroß, hager, hielt sich aufrecht und hatte von Tabak gelbgewordene Fingerspitzen, die ständig leicht zitterten. Seine Kleidung war weder modisch noch nachlässig. Oft sah er kränklich aus, aber ich kann mich nicht erinnern, daß er je zu Hause blieb. Er war verheiratet, aber seine Frau ist meines Wissens nie in der Redaktion erschienen. Er trug immer einen Spazierstock mit einer Metallkugel am oberen Ende. Diesen stemmte er oft gegen sein langes Kinn, was ihm die Erscheinung einer Figur aus einer E. T. A. Hoffmann-Geschichte gab, was noch durch seine zögernde, aber sorgfältige Art zu sprechen verstärkt wurde. Der Eindruck, den er auf mich machte, kann wohl am besten mit dem Ausdruck «skurril» beschrieben werden. Dabei war er eine viel politischere Natur als sowohl S. J. als auch Tucholsky. Sicherlich hätte er weder als Organisator noch als effektvoller Führer einer Partei getaugt. Aber das war auch keineswegs sein Ehrgeiz. Sein Hauptinteresse war, glaube ich, pazifistisch, antimilitaristisch.

Aufzeichnung von 1978. Landesarchiv Berlin, NL Madrasch-Groschopp

Rudolf Arnheim
Lieber Herr von Ossietzky, die Wand, die wir mit ausgeschnittenen Photos zu dekorieren pflegen und auf der Sie zwischen Greta Garbo und dem Genossen Zörgiebel prangen, soll neu tapeziert werden. Der Stubenmaler will Sie, vielleicht aus Sympathie für seinen berühmtesten Berufskollegen, überkleben. Es wird ihm wenig nützen. Denn wir vermissen Sie alle. Wir sind gewöhnt an Ihre leise, freundliche Leitung. Ihre Heiterkeit, Ihre schnellen Einfälle. Wir sind gewöhnt an den weiten Blick, mit dem Sie den dürftigen Bezirk der Tagespolitik einordnen in die

Geschichte, in den großen Kreis der Kultur. Sie haben auch den Unpolitischen den Geschmack an der Politik beigebracht, weil Sie Ihre Gedanken nicht im Fachjargon, sondern in einer Sprache vortragen, in der man auch über Blumen, Musik und Frauen schreiben kann. (Wie Sie auch dies verstehen, das zeigen Sie leider zu selten!) Wir vermissen Ihre unbarmherzige und erheiternde Art, den Volksbeauftragten und Gottbegnadeten von heute welthistorische Kostüme anzuziehen und sie dadurch zu entkleiden; wie unter Ihrem Zugriff die sonst so volltönenden Stammtischrecken von 1932 plötzlich leicht beschämt im Mantel Alexander des Großen oder Wallensteins vor unsern Augen stehen. Jetzt müssen Sie, mit untätigen Händen, durch ein vergittertes Fenster zusehen, wie alles eintrifft, was Sie vorausgesagt haben.

Aus einem Geburtstagsbrief an Ossietzky ins Gefängnis, «Die Weltbühne», 4. Oktober 1932

Ludwig Marcuse

Niemand machte mich politisch so wach wie der Herausgeber der «Weltbühne». Ich bin nie von Parteien und elektrisierenden Vokabeln beeinflußt worden, immer nur von Vorbildern. Das entscheidende war damals: Carl von Ossietzky. Es war im Beginn des Jahres 1932. Die Redaktion seiner «Zeitschrift» lag in der Nähe des Bahnhofs Zoo. Der Herausgeber saß an einem langen Tisch; links ein riesiger Stapel von Zeitungen, rechts ein kleinerer Berg von Manuskripten. Er zündete sich eine Zigarette an der andern an; wenn er sie sorgfältig über die kleine gelb-rote Flamme hielt, zitterten seine Hände. Er blickte meist hinunter auf die Knie. Selten hob er die starke Nase und das schwere Kinn. Dann streiften scheue, stahlblaue Augen das Gesicht dessen, mit dem er sich unterhielt. Seine Worte, dünn und hart, standen in krassem Widerspruch zu diesem schnellen, etwas flüchtigen Blick; sie waren bestimmt, schneidend, von trockenem, grimmigen Witz.

Aus: «Mein zwanzigstes Jahrhundert», 1975, S. 149f.

Arnold Zweig

Ich weiß nicht mehr, wann ich Ossietzky das letzte Mal sah, seine Stimme das letzte Mal am Telefon hörte. Ich sehe nur noch jenen Moment vor Augen, als er, von uns allen begleitet, in die Strafanstalt Tegel ging, um ein viel zu hartes Urteil und die Schuld von anderen zu verbüßen, Gentleman, der er war. Schon damals, als er mit Generälen focht, erschien mir unzweckmäßig, was er tat. Er hätte an seine Aufgabe, seine Frau und Kinder denken und von einem anderen Punkte Europas kämpfen sollen. Aber er achtete in den Generälen, die ihn nicht achteten, die erzogenen Deutschen aus guten Familien: er war ein Gentleman.

Aus: «Memorandum des Freundeskreises Carl von Ossietzky», 1934

Thomas Mann

Ich nannte die Preiskrönung von Ossietzkys Lebenskampf eine befreiende Tat. Wie sehr wünschte man hoffen zu dürfen, daß sie es vor allem für ihn persönlich wäre! Wirklich könnte es ja sein, daß die ihm zugesprochene Ehrung als Anregung wirken würde, den Unglücklichen endlich auf freien Fuß zu setzen, ihn gleichsam der Welt herauszugeben. Leider ist diese Hoffnung wohl hinfällig, – aus dem einfachen, wenn auch etwas schauerlichen Grunde, weil ein höher und zarter organisierter Mensch nach drei Jahren Konzentrationslager nicht mehr präsentabel ist. Nachrichten über das Ergehen dieses Florestan dringen nicht an die Außenwelt;

die Wahrscheinlichkeit aber spricht dafür, daß er heute ein körperlich und geistig gebrochener Mann ist, den man auch als Träger des Friedenspreises lieber bis an sein nicht fernes Ende einbehalten wird, um verwirrende Eindrücke zu vermeiden. Darf aber die traurige Vermutung, daß der Lichtstrahl von oben für Ossietzky persönlich zu spät käme, die Preisrichter in ihren Entschlüssen hemmen? Denn nicht um den einen Mann handelt es sich, der ein Opfer ist unter Tausenden, ein Opfer jener Geschichts-Dynamik, deren Lieblingswort das von den Spänen ist, die fliegen, wo gehobelt wird; der wohl gar aus eitler Grausamkeit diese Späne wichtiger sind als das Hobeln; und der gar nicht genug Opfer fallen können, damit sie sich desto großartiger vorkomme. Nicht um den Einzelnen also, so sehr das Herz sich um ihn grämen möge, geht es für den Geist und den Gedanken. Für ihn kommt es auf die Verfassung einer Welt, auf die Lage des Menschen an, die nachgerade selbst in ihrer düsteren Hoffnungslosigkeit derjenigen des Staatsgefangenen Florestan und derer, die mit ihm Pizarros Kasematten bevölkern, so furchtbar ähnelt. Wie herrlich, welch eine Erlösung, wenn von irgend einer hohen Zinne unverhofft das Signal erschölle, das die Ankunft der mit königlicher Autorität ausgestatteten Güte und Gerechtigkeit verkündete.

An das Nobel-Komitee Oslo, 13. Oktober 1935

«Die Wut des Führers» – mit dieser Karikatur kommentierte «New York World Telegram» am 25. November 1936 die Auszeichnung Ossietzkys mit dem Friedensnobelpreis. Der Hitler-Figur sind die Worte in den Mund gelegt: «Das ist eine politische Demonstration gegen das Dritte Reich!»

Leopold Schwarzschild
Wenn der Märtyrer nach allgemeiner Vorstellung der Einzelmensch ist, in dem sich das Maximum des Erduldens in einer Verfolgungs-Ära repräsentiert, so waren die Nazis äußerst geschickt, daß sie Ossietzky von dem Augenblick an, in dem er als Märtyrer weltbekannt zu werden drohte, nur noch ein relatives Minimum erdulden ließen. Sie haben damit noch dies zu ihrem Nutzen verfälscht.

Nichtsdestoweniger bleibt es wahr, daß die Grausamkeit, mit der dieser gebrechliche Mensch in den ersten zwei Jahren behandelt wurde, ihn zerrüttet und als Wrack zurückgelassen hat. Es war fast unvorstellbar für alle, die ihn kannten, wie er dieses Leben überhaupt zu ertragen vermocht hatte. Der Leisheit, dem Zögern und Stocken seiner Redeweise entsprach ein zarter, etwas gebeugter, etwas in sich eingesunkener Körper. Dem filigranen Charakter seines Denkens entsprachen höchstgradig empfindsame Nerven. Sich diesen Menschen, der, wenn er einen unangenehmen Brief erwartete, so übersensitiv war, daß er lieber tagelang überhaupt kein Kuvert öffnete und die ganze Post unberührt liegen ließ, – sich diesen Menschen als Moorsoldaten, überhaupt unter dem Befehl von Bütteln vorzustellen, ging über alle Phantasie. Es mußte ihn körperlich verzehren; und wäre es nicht schon rein körperlich verzehrend gewesen, so hätte es dieses tief gerechtigkeitsempfindliche Temperament auf dem Weg über die Nerven aufreiben müssen. Es ist sicher wahr, daß diese zwei ersten Jahre der Anfang des Endes waren, das nun erfolgt ist, – und daß ohne sie das schöne Talent und der noble Charakter Ossietzkys einer besseren Bestimmung aufgespart geblieben wären.

Aus einem Nachruf in: «Das Neue Tage-Buch», 14. Mai 1938

Axel Eggebrecht
Er war ein linker Republikaner, absolut durchdrungen vom Wert einer wirklichen Demokratie, die es ja noch niemals auf der Welt gegeben hat, die aber als ewiges Ideal erhalten bleibt.

Seit Jahr und Tag kämpfe ich gegen die Behauptung, er und seine «Weltbühne» hätten – und sei es ungewollt – die Zerstörung der Weimarer Republik vorangetrieben. Das ist die Verwechslung von Erdbeben und Seismograph. Der Seismograph zerstört nicht, er registriert die Zerstörung. [...] Nein, er war nicht der unfehlbare Prophet, zu dem man ihn heute oft idealisiert. Er wird zu sehr geschönt, er wird viel zu glatt gesehen, ohne Ecken und Kanten. Und doch ist er eine Traditionsfigur der demokratischen Linken geworden, und als solche wirkt er.

Äußerung in einem Gespräch, März 1988

Harry Pross
Im Nachhinein besteht kein Zweifel, wie das ungleiche Werben um die öffentliche Moral ausgehen mußte; aber es ist auch kein Zweifel erlaubt, daß Carl von Ossietzky in der deutschen Sache recht behielt. Eine Sünde, die nach einem Wort Maximilian Hardens nie verziehen wird. Auch heute nicht, ein halbes Jahrhundert nach dem Tod dieses Märtyrers der Republik von Weimar.

Aus: Kritik und öffentliche Moral. Carl von Ossietzky zum 100. Geburtstag, 4. Mai 1988

Bibliographie

1. Schriften Ossietzkys

a) Werkausgabe

Carl von Ossietzky: Sämtliche Schriften. 8 Bde. Hg. von Werner Boldt, Dirk Grathoff, Gerhard Kraiker und Elke Suhr. Reinbek 1994

b) Auswahlbände

Carl von Ossietzky: Schriften. 2 Bde. Hg. von Bruno Frei. Berlin–Weimar 1966
Carl von Ossietzky: Rechenschaft. Publizistik aus den Jahren 1913–1933. Hg. von Bruno Frei. Berlin–Weimar 1970
Carl von Ossietzky: Osaliga äro de fridsamma. Artklar 1918–1933. Hg. von Ingregerd Ludgren. Nachwort von Rosalinda von Ossietzky-Palm. Stockholm 1988
Carl von Ossietzky-Lesebuch: Der Zeit den Spiegel vorhalten. Hg. von Bärbel Boldt u. a. Reinbek 1989
Carl von Ossietzky: Ein Lesebuch für unsere Zeit. Hg. von Ursula Madrasch-Groschopp. Berlin–Weimar 1989

2. Zeugnisse und Dokumentationen

Brandt, Willy: Links und frei: Mein Weg 1930–1940. Hamburg 1982
Burckhardt, Carl Jacob: Meine Danziger Mission. München 1960
Diels, Rudolf: Lucifer ante portas. Stuttgart 1950
Eggebrecht, Axel: Der halbe Weg. Zwischenbilanz einer Epoche. Reinbek 1975
Feder, Ernst: Heute sprach ich mit...: Tagebücher eines Berliner Publizisten 1926–1932. Stuttgart 1971
Gerlach, Hellmut von: Von Rechts nach Links. Zürich 1937. Neudruck: Frankfurt a. M. 1987
Großmann, Stefan: Ich war begeistert. Eine Lebensgeschichte. Berlin 1931
Gumbel, Emil Julius: Vier Jahre politischer Mord. Berlin 1922
–: «Laßt Köpfe rollen». Faschistische Morde 1924–1931. Berlin 1931
Hiller, Kurt: Profile: Prosa aus einem Jahrzehnt. Paris 1938
–: Köpfe und Tröpfe. Profile aus einem Vierteljahrhundert. Hamburg 1950
–: Leben gegen die Zeit. Hamburg 1969

Jacob, Berthold: Weltbürger Ossietzky. Paris 1937
Jacobsohn, Siegfried: Briefe an Kurt Tucholsky 1915–1926. Hg. von Richard von Soldenhoff. München–Hamburg 1989
Kantorowicz, Alfred: Carl von Ossietzky zum Gedenken. In: Deutsche Blätter, Santiago de Chile, 1944, Heft 2
–: Vom moralischen Gewinn der Niederlage. Berlin 1949
–: Deutsches Tagebuch, 1. Teil. München 1969
–: Die Geächteten der Republik: Alte und neue Aufsätze. Berlin 1977
Karsch, Walther: Carl von Ossietzky. In: Aufbau, New York, Nov. 1945
Kempner, Robert M. W.: Ankläger einer Epoche. Berlin 1983
Kessler, Harry Graf: Tagebücher 1918–1937. Frankfurt a. M. 1982
Lehmann-Rußbüldt, Otto: Der Kampf der Deutschen Liga für Menschenrechte, vormals Bund Neues Vaterland, für den Weltfrieden 1914–1927. Berlin 1927
Leschnitzer, Franz: Von Börne zu Leonhard. Rudolfstadt 1966
Mann, Heinrich: Mut. Paris 1939
Mann, Klaus: Das Wunder von Madrid. Aufsätze, Reden, Kritiken 1936–1938. Hg. von Uwe Naumann und Michael Töteberg. Reinbek 1993
Mann, Thomas: An das Nobel-Friedenspreis-Commité, Oslo. In: Ders., Politische Schriften und Reden, Zweiter Band. Frankfurt a. M. 1968
Marcuse, Ludwig: Mein zwanzigstes Jahrhundert. Auf dem Wege zu einer Autobiographie. Zürich 1975
Mayer, Hans: Ein Deutscher auf Widerruf. Erinnerungen, Bd. 1. Frankfurt a. M. 1985
Mehring, Walter: Miniaturen. Letzter Tag mit Ossietzky. In: Das Neue Tagebuch, Paris, Jg. 6, H. 10, 14. Mai 1938
–: Carl von Ossietzky, 3.10.1889–4.5.1938. In: Deutsche Rundschau, Oktober 1959
Olden, Rudolf: Er war ein Ritter. In: Heute und Morgen, Nr. 8, 1948
Ossietzky, Maud von: Maud von Ossietzky erzählt. Berlin (DDR) 1966
–: Maud von Ossietzky erzählt. Berlin 1988 (erweiterte und veränderte Neuauflage des Erstdrucks von 1966)
Roth, Joseph: Kriminalaffaire Nobelpreis. In: Das Neue Tage-Buch, Paris, 1937, S. 638f.
Sahl, Hans: Memoiren eines Moralisten. Darmstadt–Neuwied 1985
Singer, Kurt: Carl von Ossietzky Fredskämpen i koncentracionsläger. Stockholm 1936
Singer, Kurt, und Felix Burger (d. i. Kurt R. Grossmann): Carl von Ossietzky. Zürich 1936
Stumpp, Emil: Über meine Köpfe. Texte, Porträts, Landschaften. Berlin 1983
Tucholsky, Kurt: Politische Briefe. Zusammengestellt von Fritz J. Raddatz. Reinbek 1969
–: Briefe aus dem Schweigen 1932–1935. Briefe an Nuuna. Hg. von Mary Gerold-Tucholsky und Gustav Huonker. Reinbek 1977
–: Die Q-Tagebücher 1934–1935. Hg. von Mary Gerold-Tucholsky und Gustav Huonker. Reinbek 1978
–: Unser ungelebtes Leben. Briefe an Mary. Hg. von Fritz J. Raddatz. Reinbek 1982
–: Briefe. Auswahl 1913–1935. Hg. von Roland Links. Berlin 1985
–: Ich kann nicht schreiben, ohne zu lügen: Briefe 1913 bis 1935. Hg. von Fritz J. Raddatz. Reinbek 1989

Walter, Hilde und Walter Kiaulehn: Die Geschichte eines Preises. In: Der Monat, 14, 1961
–: Der Preis für einen Friedenspreis. In: Deutsche Rundschau, 87, 1961
Wolf, Theodor: Tagebücher 1914–1919. 2 Bde. Hg. von Bernd Sösemann. Boppard 1984

3. Sekundärliteratur

Appelius, Stefan: Zur Geschichte des kämpferischen Pazifismus. Oldenburg 1988
Barkeley, Richard: Die deutsche Friedensbewegung: 1870–1933. Hamburg 1948
Baumer, Franz: Carl von Ossietzky. Berlin 1984
Berkholz, Stefan (Hg.): Carl von Ossietzky. 227 Tage im Gefängnis. Briefe, Texte, Dokumente. Darmstadt 1988
Brinson, Charmain, und Marian Malet (Hg.): Rettet Ossietzky! Dokumente aus dem Nachlaß von Rudolf Olden. Oldenburg 1990
Deak, Istvan: Weimar Germany's left wing intellectuals: a political history of the Weltbühne and its circle. Berkeley / Los Angeles 1968
Donat, Helmut, und Adolf Wild (Hg.): Carl von Ossietzky. Republikaner ohne Republik. Bremen 1986
Eggebrecht, Axel, und Dietrich Pinkerneil: Das Drama der Republik. Zum Neudruck der Weltbühne. Königstein i. Ts. 1979
Enseling, Alf: Die Weltbühne: Organ der Intellektuellen Linken. (Diss.) Münster 1962
Favez, Jean-Claude: Das Internationale Rote Kreuz und das Dritte Reich. War der Holocaust aufzuhalten? München 1989
Fischer, Ernst: Der ‹Schutzverband deutscher Schriftsteller›: 1909–1933. Frankfurt a. M. 1980
Frei, Bruno: Carl von Ossietzky. Eine politische Biographie. Berlin 1978 (2. veränd. und erw. Auflage des Erstdrucks, der unter dem Titel «Carl v. Ossietzky. Ritter ohne Furcht und Tadel» als Band 3 der Auswahlbände von 1966 erschien)
Gay, Peter: Die Republik der Außenseiter: Geist und Kultur in der Weimarer Zeit. 1918–1933. Frankfurt a. M. 1970
Goral-Sternheim, Arie: Der Hamburger Carl von Ossietzky und das Gewissen einer Stadt. Hamburg (Landeszentrale für politische Bildung) 1989
Grathoff, Dirk: Verfemt und zum Schweigen gebracht: Carl von Ossietzky und Kurt Tucholsky. In: Schriftsteller vor Gericht. Hg. von Jörg-Dieter Kogel und Harro Zimmermann. Frankfurt a. M. 1994
Greuner, Ruth: Ich stehe links…: Carl von Ossietzky über Geist und Ungeist der Weimarer Republik. Berlin 1969
Grossmann, Kurt R.: Ossietzky. Ein deutscher Patriot. Frankfurt a. M. 1973 (Erstdruck: München 1963)
Hannover, Heinrich, und Elisabeth Hannover-Drück: Politische Justiz 1918–1933. Frankfurt a. M. 1966
Hardt, Dietrich: Pazifismus zwischen den Weltkriegen. Heidelberg 1985
Hepp, Michael: Kurt Tucholsky. Biographische Annäherungen. Reinbek 1993
Hermand, Jost / Frank Trommler: Die Kultur in der Weimarer Republik. München 1978

Holl, Karl, und W. Wette (Hg.): Pazifismus in der Weimarer Republik. Beiträge zur historischen Friedensforschung. Paderborn 1981
Holl, Karl: Pazifismus in Deutschland. Frankfurt a. M. 1988
Höllinger, Hubert: Die Weltbühne – eine politisch-literarische Wochenschrift in Opposition zu ihrer Zeit. Ein Beitrag zur Geschichte der pazifistischen Publizistik in der Weimarer Republik. Wien 1959
Koebner, Thomas (Hg.): Weimars Ende im Urteil der zeitgenössischen Literatur und Publizistik. Frankfurt a. M. 1982
Koplin, Raimund: Carl von Ossietzky als politischer Publizist. Berlin–Frankfurt a. M. 1964
Kosthorst, Erich, und Bernd Walter: Konzentrations- und Strafgefangenen-Lager im Dritten Reich. 3 Bde. Düsseldorf 1983
Kraiker, Gerhard, und Dirk Grathoff (Hg.): Carl von Ossietzky und die politische Kultur der Weimarer Republik. Symposion zum 100. Geburtstag. Oldenburg 1991
Lochner, Louis R.: What about Germany? New York 1942
Lorenz, Einhard: Willy Brandt in Norwegen. Die Jahre des Exils 1933–1940. Kiel 1989
Lunke, Erwin W.: Die deutsche Presse im eigenen Urteil 1918–1933 (unter bes. Berücksichtigung der radikaldemokratischen Zeitschrift «Die Weltbühne»). München 1952
Lütgemeier-Davin, Reinhold: Pazifismus zwischen Kooperation und Konfrontation. Köln 1982
Madrasch-Groschopp, Ursula: Die Weltbühne. Porträt einer Zeitschrift. Berlin 1983
Mendelssohn, Peter de: Zeitungsstadt Berlin. Menschen und Mächte in der Geschichte der deutschen Presse. Frankfurt a. M.–Berlin–Wien 1982
Meyer, Jochen, und Antje Bonitz: «Entlaufene Bürger». Kurt Tucholsky und die Seinen. Marbach 1990
Michaelis, Rolf: Von der Bühnenwelt zur Weltbühne. Königstein i. Ts. 1980
Müller, Wolfgang: Rußlandberichterstattung und Rapallopolitik. Deutsch-Sowjetische Beziehungen 1924–1933 im Spiegel der deutschen Presse. Saarbrücken 1983
Neau, Patrice: Carl von Ossietzky, un journaliste allemand de la Republique de Weimar. Paris 1983
Pross, Harry: Literatur und Politik: Geschichte und Programme der politisch-literarischen Zeitschriften im deutschen Sprachgebiet seit 1870. Freiburg i. Br. 1963
Raddatz, Fritz J.: Das Tage-Buch. Portrait einer Zeitschrift. Königstein i. Ts. 1981
–: Tucholsky. Ein Pseudonym. Reinbek 1989
Reinhardt, Helmut (Hg.): Nachdenken über Ossietzky. Aufsätze und Graphik. Berlin 1989
Rieber-Mohn, Hallvard: Ossietzky. En studie i sivilt mot. Meden innledning om Nobels Fredpris og tre artikler av Carl von Ossietzky. Oslo 1974
Riebensberger, Dieter: Geschichte der Friedensbewegung in Deutschland von den Anfängen bis 1933. Göttingen 1985
Scheer, Friedrich-Karl: Die Deutsche Friedensgesellschaft (1892–1933): Organisation, Ideologie, politische Ziele. Ein Beitrag zur Geschichte des Pazifismus in Deutschland. Frankfurt a. M. 1981

Soldenhoff, Richard (Hg.): Carl von Ossietzky 1889–1938. Ein Lebensbild. Weinheim–Berlin 1988
Suhr, Elke: Die Emslandlager. Die politische und wirtschaftliche Bedeutung der emsländischen Konzentrations- und Strafgefangenenlager 1933–1945. Bremen 1985
–: Zwei Wege – ein Ziel. Tucholsky, Ossietzky und «Die Weltbühne». Mit dem Briefwechsel zwischen Tucholsky und Ossietzky aus dem Jahre 1932. München 1986
–: Carl von Ossietzky. Eine Biographie. Köln 1988
Trapp, Frithjof, Knut Bergmann und Bettina Herre: Carl von Ossietzky und das politische Exil. Die Arbeit des «Freundeskreises Carl von Ossietzky» in den Jahren 1933–1936. Hamburg 1988
Vinke, Hermann: Carl von Ossietzky. Hamburg 1978
Walter, Hilde: Aus der Chronik des Friedensnobelpreises für Carl von Ossietzky. In: Aus Politik und Zeitgeschichte, Beilage zur Wochenzeitung «Das Parlament», B 40/69, Oktober 1969

Namenregister

Über die Autoren

Dr. Gerhard Kraiker (Jg. 1937) ist Professor an der Universität Oldenburg. Buchveröffentlichungen zur Entstehungsgeschichte der Bundesrepublik Deutschland, zur Reform des § 218, zur politischen Ideengeschichte, zu Carl von Ossietzky. Er gehört der Forschungsstelle Carl von Ossietzky an der Universität Oldenburg an und ist Mitherausgeber des Gesamtwerks von Ossietzky.

Dr. Elke Suhr (Jg. 1954) promovierte über die Konzentrationslager im Emsland. Von ihr stammt eine umfangreiche Biographie über Carl von Ossietzky. Sie veröffentlichte mehrere wissenschaftliche Dokumentationen und ist Mitherausgeberin der Gesamtausgabe von Ossietzkys Werken, die die Forschungsstelle Carl von Ossietzky an der Universität Oldenburg ediert.

Quellennachweis der Abbildungen

Rosalinda von Ossietzky-Palm, Stockholm: 2, 6, 12, 15, 17, 22/23, 24, 25, 33, 42, 55, 57 (Foto Willi Ruge), 69, 88, 93, 94, 123, 126 (3)
Staatliche Landesbildstelle Hamburg: 10
Universität Oldenburg, Ossietzky-Archiv: 11 (2), 14, 21, 28, 38, 46, 73, 90/91, 92, 109, 125
Kurt Tucholsky Gedenkstätte, Schloß Rheinsberg, Sammelfundus Richard von Soldenhoff: 30, 40, 50, 76
Bildarchiv Preußischer Kulturbesitz, Berlin: 35, 51 (© VG Bild-Kunst, Bonn, 1994), 99, 107, 121
Staats- und Universitätsbibliothek Hamburg, Carl von Ossietzky: 39, 41
Ullstein Bilderdienst, Berlin: 49, 59, 75, 79, 80, 83, 96, 105, 113(2)
Schiller-Nationalmuseum, Deutsches Literaturarchiv, Marbach a. N.: 62, 65, 119
Aus: Klaus-Peter Schulz: Kurt Tucholsky. Reinbek 1959: 67
Deutsche Forschungsanstalt für Luft- und Raumfahrt e. V., Historisches Archiv Köln-Porz: 86
Frithjof Trapp, Hamburg: 101 (Gerda Hünicke), 102 oben (Herbert Zirker), 102 unten (Irene Jaeserich), 116 (Nachlaß Fred Stein, Bedford, NY)
Landesbildstelle Berlin: 110
Süddeutscher Verlag, Bilderdienst, München: 120
Aus: Helmut Donat/Adolf Wild (Hg.): Carl von Ossietzky. Republikaner ohne Republik. Bremen 1986: 146

Carl von Ossietzky. *Sämtliche Schriften*

Inhalt:

Band I	1910-1921
Band II	1922-1924
Band III	1925-1926
Band IV	1927-1928
Band V	1929-1930
Band VI	1931-1933
Band VII	Lebensdokumente und Briefe
Band VIII	Register

Carl von Ossietzky. Sämtliche Schriften
Herausgegeben von Werner Boldt, Dirk Grathoff,
Gerhard Kraiker, Elke Suhr unter Mitwirkung von Rosalinda
von Ossietzky-Palm.
Kassette mit acht Bänden. ISBN 3-498-05019-2

Diese Gesamtausgabe versammelt die Texte Ossietzkys chronologisch in sechs Bänden. Neben politischen Kommentaren, Analysen und Glossen finden sich hier kultur- und sozialkritische Schriften, literarische Essays, Reflexionen über zeitgeschichtliche Entwicklungen, Literaturbesprechungen und Theaterkritiken. Ein eigener Band ist den Briefen und Lebensdokumenten gewidmet (Bd. 7). Der abschließende Band 8 dient mit seinen Personen- und Werkregistern der leichteren Benutzbarkeit der Ausgabe, macht dem interessierten Leser aber vor allem Gegenstands-, Motiv- und Themenkomplexe des Werks von Ossietzky zugänglich. Gefördert von der Deutschen Forschungsgemeinschaft, ist diese Gesamtausgabe an der Universität Oldenburg erarbeitet worden, die seit 1991 seinen Namen trägt.

Rowohlt